PIENSA COMO UN FREAK

PIENSA COMO UN FREAK

Steven D. Levitt y
Stephen J. Dubner

Traducción de Javier Guerrero

GRUPO ZETA

Barcelona • Madrid • Bogotá • Buenos Aires • Caracas • México D.F. • Miami • Montevideo • Santiago de Chile

Título original: *Think like a freak*
Traducción: Javier Guerrero
1.ª edición: octubre 2015

© 2014, Steven D. Levitt y Dubner Productions, LLC.
© Ediciones B, S. A., 2015
 Consell de Cent, 425-427 - 08009 Barcelona (España)
 www.edicionesb.com

Printed in Spain
ISBN: 978-84-666-5695-5
DL B 17659-2014

Impreso por LIBERDÚPLEX, S.L.
Ctra. BV 2249 km 7,4
Polígono Torrentfondo
08791 Sant Llorenç d'Hortons

Índice

1

¿Qué significa pensar como un freak?

Después de escribir *Freakonomics* y *Superfreakonomics*, los lectores empezaron a plantearnos todo tipo de preguntas. ¿Todavía merece la pena un título universitario?[1] (Respuesta corta: sí; respuesta larga: también sí.) ¿Es buena idea traspasar un negocio familiar a la siguiente generación?[2] (Claro, si tu objetivo es acabar con el negocio; porque los datos muestran que generalmente es mejor buscar un director general fuera de la familia.)* ¿Qué ocurrió con la epidemia del síndrome del túnel carpiano?[3] (Desde que los periodistas dejaron de padecerlo, dejaron de escribir sobre ello, pero el problema persiste, sobre todo entre los obreros.)

Algunas preguntas tenían un carácter existencial: ¿Qué hace que la gente sea verdaderamente feliz? ¿La desigualdad de ingresos es tan peligrosa como parece? ¿Una dieta rica en omega-3 conduciría a la paz mundial?

---

* Las empresas familiares de Japón encontraron hace mucho tiempo una solución a este problema: buscan un director general que no forme parte de la familia y lo adoptan legalmente. Esta es la razón por la cual casi el 100 % de los adoptados en Japón son varones adultos.

La gente quería conocer los pros y los contras de: automóviles sin conductor, lactancia materna, quimioterapia, impuestos estatales, *fracking*, loterías, «oración medicinal», citas por Internet, reforma de patentes, caza furtiva de rinocerontes, utilizar un hierro para salir del *tee* y monedas virtuales. Recibíamos un mensaje de correo pidiéndonos «resolver la epidemia de obesidad» y luego, al cabo de cinco minutos, otro que nos instaba a «eliminar el hambre, ¡ahora mismo!».

Al parecer, los lectores creían que ningún acertijo era demasiado peliagudo, que no existía ningún problema tan difícil que no pudiera resolverse. Era como si tuviésemos una herramienta patentada —un fórceps freakonómico, se diría— que podía utilizarse en el cuerpo político para extraer alguna sabiduría enterrada.

¡Ojalá fuera cierto!

El hecho es que resolver problemas es difícil. Si un problema dado todavía existe, puedes apostar a que mucha gente ya lo ha estudiado y no ha logrado resolverlo. Los problemas fáciles se evaporan; son los difíciles los que permanecen. Además, localizar, organizar y analizar los datos para responder bien incluso una pregunta nimia requiere mucho tiempo.

Así pues, más que intentar responder las preguntas que nos enviasteis, y probablemente fracasar, nos planteamos si no sería mejor escribir un libro que pueda enseñar a cualquiera a pensar como un freak.

¿Qué aspecto tendría?

Imagina que eres futbolista, un futbolista muy bueno, y has conducido a tu país al borde de ganar un Mundial.[4] Lo único que has de hacer ahora es marcar un penalti. La estadística está a tu favor: el 75 % de las penas máximas en el fútbol de elite acaban en gol.

El público ruge mientras tú colocas el balón en la marca de tiza del punto de penalti. La portería está a once metros; mide 7,32 metros de ancho y 2,44 de altura.

El portero te mira. Una vez que la pelota sale disparada de tu bota, viajará hacia él a 120 km/h. Teniendo en cuenta esa velocidad, el guardameta no puede esperar a ver adónde chutarás el balón; tiene que intentar adivinarlo y lanzarse en esa dirección. Si se equivoca de lado, tus posibilidades se elevan al 90 %.

La mejor opción es ajustar el chut a uno de los postes, con suficiente fuerza para que el portero no pueda detener el balón ni siquiera si adivina hacia qué lado tirarse. Sin embargo, un tiro así deja poco margen al error: un pequeño desvío y la pelota irá fuera. Así pues, podrías querer no arriesgar tanto y no ajustar tanto el balón al poste; aunque eso da al portero una mejor oportunidad si adivina correctamente la dirección del disparo.

También has de elegir entre el lado izquierdo y el derecho. Si eres diestro, como la mayoría de los futbolistas, chutar a tu izquierda es el disparo «natural». Eso se traduce en más potencia y precisión, pero por supuesto el portero también lo sabe. Por eso los porteros se lanzan hacia su lado derecho (el izquierdo del que chuta) un 57 % de las veces y a su izquierda solo un 41 %.

Así que allí estás —el público gritando a voz en cuello, tu corazón acelerado—, preparándote para ese lanzamiento que puede cambiarte la vida. Los ojos del mundo están posados en ti, y las oraciones de tu nación se centran en tu persona. Si el balón va dentro, tu nombre se pronunciará para siempre en el tono reservado a los santos más amados. Si fallas... bueno, mejor no pensar en eso.

Las opciones se arremolinan en tu cabeza. ¿El lado natural o el otro? ¿Vas a ajustarla al poste o arriesgarás un poco menos? ¿Has chutado penaltis contra este portero antes, y en ese caso, qué lado elegiste? ¿Y hacia dónde se tiró él? Mientras piensas todo esto, también piensas en lo que está pensando el portero, incluso podrías pensar en lo que está pensando el portero sobre lo que tú estás pensando.

Sabes que las posibilidades de convertirte en un héroe rondan el 75 %, lo cual no está mal. Pero ¿no sería fantástico aumentar esa cifra? ¿Podría haber una manera mejor de abordar este problema? ¿Y si pudieras ser más listo que tu rival pensando más allá de lo obvio? Sabes que el portero se está debatiendo entre tirarse a la derecha o a la izquierda. Pero ¿y si...?, ¿y si...?, ¿y si no chutas ni a la derecha ni a la izquierda? ¿Y si hicieras lo más estúpido e inimaginable y chutaras al centro de la portería?

Sí, ahí es donde está ahora el portero, pero estás casi convencido de que saldrá de ese lugar una fracción de segundo antes de que chutes. Recuerda lo que dicen los datos: los porteros se tiran a su derecha el 57 % de las veces y a su izquierda el 41 %; lo cual significa que se quedan en el centro solo 2 veces de cada 100. Por supuesto, un portero que se lanza a un lado todavía puede parar un balón chutado al centro, pero ¿con qué frecuencia ocurre eso? ¡Si pudieras ver los datos de todos los penaltis chutados al centro de la portería!

Vale, resulta que tenemos eso: un tiro al centro, tan arriesgado como podría parecer, tiene un 7 % más de posibilidades que uno a la esquina.

¿Estás dispuesto a correr ese riesgo?

Digamos que lo estás. Trotas hacia el balón, plantas el pie izquierdo, echas la pierna derecha atrás y la propulsas hacia el balón. Al momento estás atrapado por un rugido sobrecogedor: ¡¡goooool!! El público estalla en un arrebato orgásmico mientras quedas sepultado bajo una montaña de compañeros de equipo. Este momento durará para siempre; el resto de tu vida será una fiesta interminable y feliz; tus hijos crecerán fuertes, prósperos y amables. ¡Enhorabuena!

Pese a que un penalti lanzado al centro de la portería tiene significativamente más posibilidades de éxito, solo el 17 % de los tiros se lanzan ahí. ¿Por qué tan pocos?

Una razón es que a primera vista chutar al centro se antoja una idea espantosa. ¿Chutar al sitio donde está el portero? Eso parece antinatural, una violación obvia del sentido común, pero también lo es la idea de prevenir una enfermedad inyectando los mismos microbios que la causan.

Además, una ventaja que el lanzador tiene en un penalti es el misterio: el portero no sabe hacia dónde disparará. Si los lanzadores hicieran lo mismo cada vez, su tasa de éxito se desplomaría; si empezaran a chutar al centro con más frecuencia, los porteros se adaptarían.

Hay una tercera e importante razón por la que la mayoría de los jugadores no buscan el centro, sobre todo en un entorno en el que hay tanto en juego como en un Mundial. Eso sí, ningún futbolista en su sano juicio la reconocería: el miedo a la vergüenza.

Imagina otra vez que eres el jugador que va a ejecutar el penalti. En este momento de máxima turbulencia, ¿cuál es tu verdadero incentivo? La respuesta podría parecer obvia: quieres marcar el gol para que tu selección gane el partido. Si ese es el caso, la estadística muestra claramente que deberías chutar al centro. Pero ¿ganar el partido es tu incentivo más verdadero?

Imagínate delante del balón. Ya te has decidido mentalmente a chutar al centro, pero, un momento: ¿y si el portero no se lanza? ¿Y si por alguna razón se queda quieto y chutas a su abdomen y es él quien salva a su país sin tener que moverse? ¡Qué patético parecerá! Ahora el portero es el héroe y tú has de trasladarte al extranjero con tu familia para evitar que te maten.

Así que lo reconsideras.

Piensas en seguir la tradición: hacia un poste. Si el portero lo adivina y la para, bueno, habrás hecho un esfuerzo valeroso pese a ser superado por otro más valeroso. No, no te convertirás en héroe, pero tampoco tendrás que huir del país.

Si sigues este incentivo egoísta —protegiendo tu reputación al no hacer algo potencialmente estúpido—, es más probable que chutes a un lado.

Si sigues el incentivo comunitario —tratando de ganar el partido por tu país, aunque te arriesgues a parecer estúpido en lo personal—, chutarás al centro.

En la vida, en ocasiones, chutar al centro es la acción más audaz.

Si nos preguntan cómo nos comportaríamos en una situación que contrapone un beneficio particular frente al bien común, la mayoría de nosotros no reconocerá decantarse por la primera opción. Sin embargo, como la historia muestra con claridad, la mayoría de la gente, sea por naturaleza o educación, generalmente antepone sus propios intereses a los intereses de los demás. Esto no los convierte en malas personas; solo los hace más humanos.

Ahora bien, todo este interés personal puede resultar frustrante si tus ambiciones van más allá de simplemente asegurarte algunas pequeñas victorias privadas. Quizá quieres aliviar la pobreza, o lograr que el gobierno trabaje mejor, o convencer a tu empresa de que contamine menos, o solo conseguir que tus hijos dejen de reñir. ¿Cómo diablos vas a conseguir que todos tiren en la misma dirección cuando todos están pensando básicamente en sí mismos?

Escribimos este libro para responder esa clase de pregunta. Nos da la impresión de que, en años recientes, ha surgido la idea de que existe una forma «correcta» de resolver un problema dado, y por supuesto también una forma «equivocada». Esto conduce de manera inevitable a un montón de gritos y, por desgracia, a un montón de problemas no resueltos. ¿Puede mejorarse esta situación? Eso esperamos. Nos gustaría enterrar la idea de que existe una forma buena y una mala, una forma lista y una estúpida, una forma republicana y una demócrata. El mundo moderno exige que todos pensemos de manera un poco más productiva, más creativa, más racional; que pensemos desde un ángulo diferente, con un grupo de músculos diferente, con un conjunto de expectativas diferente; que no pensemos ni con miedo ni con favoritismo, que lo hagamos sin ningún optimismo ciego ni escepticismo amargo. Que pensemos como —ejem—, como un freak.

Nuestros primeros dos libros estaban inspirados por un conjunto de ideas relativamente simples:

Los incentivos son la piedra angular de la vida moderna. Y comprenderlos —o, con frecuencia, descifrarlos— es la clave para comprender un problema y hallar una forma de resolverlo.

Saber qué medir y cómo medirlo puede hacer que un mundo complicado no lo sea tanto. No hay nada como el puro poder de los números para eliminar capas de confusión y contradicción, sobre todo en temas emocionales, candentes.

La sabiduría convencional con frecuencia es errónea. Y una aceptación despreocupada de ello puede conducir a resultados descuidados, derrochadores o incluso peligrosos.

Correlación no equivale a causalidad. Cuando dos cosas van juntas, es tentador suponer que una causa la otra. Las personas casadas, por ejemplo, son demostrablemente más felices que las solteras; ¿esto significa que el matrimonio causa la felicidad? No necesariamente. Para empezar, los datos sugieren que la gente feliz tiene más posibilidades de casarse. Como lo presentó de manera memorable un investigador: «Si eres un gruñón, ¿quién demonios va a querer casarse contigo?»[5]

Este libro se construye sobre las mismas ideas básicas, pero hay una diferencia. Los dos primeros libros eran rara vez preceptivos. Las más de las veces simplemente usamos datos para contar historias que nos resultaban interesantes, enfocando con una linterna partes de la sociedad que con frecuencia permanecen en la sombra. Este libro sale de las sombras y trata de ofrecer algún consejo que podría resultar útil, tanto si estás interesado en cambios menores en la vida como si tu interés está en grandes reformas globales.

Dicho esto, este no es un libro de autoayuda en el sentido tradicional. Probablemente no somos la clase de gente a la que uno pediría ayuda; y algunos de nuestros consejos tienden a provocar que la gente se meta en problemas y no que los evite.

Nuestra reflexión está inspirada por lo que se conoce como enfoque económico. Eso no significa concentrarse en «la economía», nada más lejos. El enfoque económico es al mismo tiempo más amplio y más simple que eso. Se basa en datos, más que en una corazonada o una ideología, para comprender cómo funciona el mundo, para aprender cómo los incentivos tienen éxito (o fracasan), cómo se asignan los recursos y qué clase de obstáculos impiden que la gente obtenga esos recursos, tanto si son concretos (como la comida y el transporte) o referidos a otras aspiraciones (como la educación y el amor).

No hay nada mágico en esta forma de pensar. Normalmente transita lo obvio y concede un valor enorme al sentido común. Así que aquí está la mala noticia: si llegas a este libro con la esperanza de encontrar algo parecido a un mago divulgando sus secretos, podrías terminar decepcionado. Pero también hay una buena noticia: pensar como un freak es lo bastante simple como para que cualquiera pueda hacerlo. Lo desconcertante es que haya tan poca gente que lo haga.

¿Y por qué?

Una razón es que resulta fácil dejar que tus inclinaciones —políticas, intelectuales o de la clase que sean— coloreen tu visión del mundo. Un corpus creciente de investigación sugiere que hasta la gente más lista tiende a buscar pruebas que confirmen lo que ya piensan, más que nueva información que les daría una visión más consistente de la realidad.[6]

También es tentador ir en manada.[7] Incluso en las cuestiones más importantes del día, solemos adoptar las visiones de nuestros amigos, familiares y colegas. (Leerás más sobre esto en el capítulo 6.) En cierto nivel, esto tiene sentido: ¡es más fácil seguir lo que piensa tu familia y tus amigos que encontrar una nueva familia y nuevos amigos! Pero seguir a la manada significa que enseguida aceptamos el statu quo, que tardamos en cambiar de opinión y nos contentamos con delegar nuestra reflexión.

Otro obstáculo para pensar como un freak es que la mayoría de la gente está demasiado ocupada para replantearse su forma de pensar, o incluso para pasar mucho tiempo pensando. ¿Cuándo fue la última vez que te sentaste para dedicar una hora entera a la reflexión pura y sin adulterar? Si eres como la mayoría de la gente, ya ha pasado un tiempo. ¿Es esto tan solo una consecuencia de nuestra época de alta velocidad? Quizá no. El ridículamente talentoso George Bernard Shaw —escritor de talla mundial y cofundador de la Escuela de Economía de Londres— señaló este déficit de pensamiento hace muchos años. «Poca gente piensa más de dos o tres veces al año —cuentan que dijo Shaw—. Yo me he labrado reputación internacional pensando una o dos veces por semana.»[8]

Nosotros también tratamos de pensar una o dos veces por semana (aunque seguramente no de forma tan inteligente como Shaw) y te animamos a hacer lo mismo.

Esto no equivale a decir que necesariamente deberías querer pensar como un freak. Eso presenta algunos inconvenientes potenciales. Podrías descubrir que vas con el paso cambiado respecto a la mentalidad reinante. Podrías decir de vez en cuando cosas que incomoden a otra gente. Por ejemplo, conoces a una pareja encantadora y seria con tres hijos y les sueltas que los elaborados asientos infantiles de su coche son una pérdida de tiempo y dinero (al menos eso señalan los datos sobre accidentes de coche).[9] O en una cena con la familia de tu nueva novia, empiezas a parlotear sobre cómo el movimiento pro alimentos locales puede dañar el medio ambiente,[10] solo para descubrir que el padre de ella es un fanático de los alimentos de proximidad y que todo lo que hay en la mesa se cultivó en un radio de ochenta kilómetros.

Te acostumbrarás a que la gente te llame raro, a que farfullen con indignación o incluso a que se levanten y se vayan. Tenemos alguna experiencia de primera mano con esto.

Poco después de la publicación de *Superfreakonomics*, durante la gira promocional del libro en Inglaterra, nos invitaron a conocer a David Cameron, que pronto sería elegido primer ministro del Reino Unido.[11]

Aunque no es raro que gente como él pida ideas a gente como nosotros, la invitación nos sorprendió. En las páginas iniciales de *Superfreakonomics*, declaramos que no sabíamos casi nada sobre las fuerzas macroeconómicas —inflación, desempleo y demás— que los políticos buscan controlar tirando de una palanca hacia un lado u otro.

Aún más, los políticos tienden a rehuir la controversia, y nuestro libro ya había generado una buena cuota de ella en el Reino Unido. Nos habían llamado a la televisión nacional para hablar de un capítulo que describía un algoritmo que creamos, en colaboración con un banco británico, para identificar sospechosos de terrorismo. ¿Por qué demonios —nos preguntaron los entrevistadores de la tele—, divulgábamos secretos que podrían ayudar a los terroristas a evitar su detección? (No podíamos responder esa pregunta entonces, pero lo hacemos en el capítulo 7. Pista: la divulgación no fue accidental.)

También nos criticaron por sugerir que la estrategia estándar para luchar contra el calentamiento global no iba a funcionar. De hecho, el ayudante de Cameron que nos vino a buscar al puesto de seguridad, un joven y agudo consejero político llamado Rohan Silva, nos dijo que la librería de su barrio se negó a tener *Superfreakonomics* porque el dueño odiaba nuestro capítulo sobre el calentamiento global.

Silva nos llevó a una sala de conferencias donde nos esperaban unas dos docenas de consejeros de Cameron. Su jefe todavía no había llegado. La mayoría de ellos tenían veintitantos o treinta y tantos años. Solo un caballero, que había sido ministro y volvería a serlo, era significativamente mayor. Tomó la palabra y nos dijo que, después de su elección, la administración Cameron combatiría con uñas y dientes el calentamiento global. Si dependiera de él, dijo, Gran Bretaña se convertiría en una sociedad sin huella de carbono de la noche a la mañana. Dijo que era «una cuestión de la más alta responsabilidad moral».

Eso nos hizo levantar las orejas. Una cosa que hemos aprendido es que cuando la gente, sobre todo los políticos, empieza a tomar decisiones basadas en su brújula moral, los hechos tienden a contarse entre las primeras bajas. Preguntamos al ministro a qué se refería con «obligación moral».

—Si no fuera por Inglaterra —continuó—, el mundo no estaría en el estado en que se encuentra. Nada de esto habría ocurrido. —Hizo un gesto hacia arriba y afuera.

El «esto» se refería a esa sala, ese edificio, la *City* de Londres, toda la civilización.

Seguramente pusimos cara de desconcierto, porque continuó explicándose. Inglaterra, dijo, al poner en marcha la Revolución Industrial, condujo al resto del mundo por el camino hacia la polución, la degradación ambiental y el calentamiento global. Era por consiguiente deber de Inglaterra ponerse en cabeza para reparar el daño.

Justo entonces el señor Cameron entró de sopetón.

—Muy bien —tronó—, ¿dónde está la gente lista?

Iba en mangas de camisa, blanca, y lucía su característica corbata violeta y un aire de optimismo irreprimible. Mientras charlábamos, quedó claro por qué se pronosticaba que sería el siguiente primer ministro. Todo en él irradiaba competencia y seguridad. Tenía justo el aspecto que imaginan los decanos de Eton y Oxford cuando les entregan a un chico por primera vez.

Cameron dijo que el problema más peliagudo que heredaría como primer ministro era una economía gravemente enferma. El Reino Unido, junto con el resto del mundo, seguía en las garras de una recesión aplastante. El estado de ánimo general, desde los jubilados a los estudiantes o los titanes de la industria, era taciturno; la deuda nacional era enorme y seguía creciendo. Justo después de asumir el cargo, vaticinó Cameron, se vería obligado a hacer recortes amplios y profundos.

Pero, añadió, había unos cuantos derechos preciosos e inalienables que protegería a toda costa.

—¿Como cuáles? —preguntamos.

—Bueno, el Servicio Nacional de Salud —respondió, con los ojos iluminados de orgullo.

Esto tenía sentido. El NHS (National Health Service) proporciona atención sanitaria desde la cuna a la sepultura a cualquier británico, la mayor parte de ella gratis. Es el sistema público de salud más antiguo y más amplio del mundo, forma parte del tejido nacional tanto como el fútbol o el *spotted dick*. Un antiguo ministro de Hacienda calificó el NHS como «lo más cercano que tienen los ingleses a una religión»;[12] lo cual es doblemente interesante porque los ingleses ya tienen una religión.

Solo había un problema: los costes del sistema se habían doblado con creces en los últimos diez años y se esperaba que el gasto continuara subiendo.[13]

Aunque no lo sabíamos entonces, la devoción de Cameron por el NHS se fundamentaba en parte en una experiencia personal intensa.[14] Su hijo mayor, Ivan, había nacido con un raro trastorno neurológico llamado síndrome de Ohtahara, que se caracteriza por ataques frecuentes y violentos. Así pues, la familia Cameron conocía muy bien a enfermeras, doctores, ambulancias y hospitales del NHS. «Cuando tu familia confía en el NHS todo el tiempo, día tras día, noche tras noche, realmente sabes lo precioso que es», dijo una vez en la conferencia anual del Partido Conservador. Ivan murió a principios de 2009, pocos meses antes de cumplir siete años.

Así que quizá no debería sorprender que Cameron, incluso como dirigente de un partido que abrazaba la austeridad fiscal, viera el NHS como algo sacrosanto. Toquetear el sistema, incluso durante una crisis económica, tendría tanto sentido político como darle una patada a un corgi de la reina.

Pero eso no significaba que tuviera sentido práctico. Si bien el objetivo de un sistema de salud gratuito, ilimitado y para toda la vida es loable, sus implicaciones económicas son peliagudas. Y así se lo señalamos, lo más respetuosamente posible, al futuro primer ministro.

Como hay tanta emoción vinculada a la atención sanitaria, es difícil ver que, en gran medida, es una parte de la economía. Sin embargo, con una configuración como la del Reino Unido, el sistema sanitario es prácticamente el único sector de la economía donde la gente puede conseguir casi cualquier servicio que necesite sin pagar apenas nada, aunque el coste real sea cien dólares o cien mil.

¿Qué hay de malo en eso? Cuando la gente no paga el

coste real de algo, tiende a consumirlo de manera ineficiente.

Piensa en la última vez que te sentaste en un restaurante de bufet libre. ¿Cuántas probabilidades había de que comieras más de lo normal? Lo mismo ocurre si la atención sanitaria se distribuye de manera similar: la gente consume más de lo que consumiría si le cobraran el precio que corresponde. Eso significa que los hipocondríacos superan a los verdaderamente enfermos, los tiempos de espera se incrementan para todos y una enorme parte de los costes se dedica a los meses finales de pacientes ancianos, con frecuencia sin mucho beneficio real.[15]

Esta clase de exceso en el consumo puede tolerarse con más facilidad cuando la atención sanitaria constituye solo una pequeña parte de la economía. Ahora bien, con los costes de atención sanitaria acercándose al 10 % del producto interior bruto en el Reino Unido —y casi el doble de esa cifra en Estados Unidos— hay que repensar seriamente cómo se proporciona y se paga.

Tratamos de defender nuestra tesis con un experimento de reflexión. Propusimos al señor Cameron que considerara una política similar en un campo distinto. ¿Qué ocurriría, por ejemplo, si cada británico también tuviera derecho ilimitado a coche gratuito durante toda su vida? Esto es, ¿qué ocurriría si todo el mundo pudiera ir al concesionario de vehículos cuando quisiera y elegir cualquier nuevo modelo, de forma gratuita, y llevárselo a casa?

Esperábamos que se le iluminara la cara y dijera: «Bueno, sí, eso es evidentemente absurdo; no habría ninguna razón para mantener tu coche viejo y los incentivos personales se desviarían. ¡Ya veo vuestro punto de vista sobre toda la atención sanitaria que estamos repartiendo!»

Pero no dijo tal cosa. De hecho, no dijo nada en absoluto. La sonrisa no desapareció del rostro de Cameron, pero sí de sus ojos. Quizá nuestro ejemplo no había tenido el efecto que pretendíamos. O quizá sí lo hizo, y ese era el problema. En todo caso, nos ofreció un rápido apretón de manos y se apresuró a encontrar un grupo de personas menos ridículas con las que reunirse.

No se le puede culpar. Solucionar un problema como los costes galopantes del sistema sanitario es mil veces más difícil que, pongamos, decidir cómo chutar un penalti. (Por eso, como argumentamos en el capítulo 5, deberías concentrarte en los problemas menores cuando sea posible.) Quizá nos habría resultado útil saber entonces lo que sabemos ahora sobre convencer a gente que no quiere ser convencida (de lo cual nos ocupamos en el capítulo 8).

Dicho esto, creemos fervientemente que hay una gran ventaja en reentrenar tu cerebro para pensar de manera diferente con problemas grandes y pequeños. En este libro compartimos todo lo que hemos aprendido en los últimos años, parte de lo cual funcionó mejor que nuestro breve encuentro con el primer ministro británico.

¿Quieres intentarlo? ¡Excelente! El primer paso es no avergonzarte por lo mucho que todavía ignoras...

2

Las palabras más difíciles

Imagina que te piden que escuches una narración sencilla y luego respondas unas pocas preguntas sobre ella. Esta es la narración:

> Una niña llamada Mary va a la playa con su madre y su hermano. Viajan en un coche rojo. En la playa nadan, toman un helado, juegan en la arena y almuerzan unos sándwiches.[1]

Ahora las preguntas:
1. ¿De qué color era el coche?
2. ¿Comieron pescado con patatas para almorzar?
3. ¿Escucharon música en el coche?
4. ¿Tomaron limonada en el almuerzo?

Muy bien, ¿cómo te ha ido? Comparemos tus respuestas con las de un grupo de escolares británicos, de edades entre cinco y nueve años, a los que investigadores académicos propusieron este test. Casi todos los niños respondieron las primeras dos preguntas bien («rojo» y «no»). Pero les fue mucho peor con las preguntas 3 y 4. ¿Por qué? Esas preguntas no tenían respuesta: la narración no proporcionaba información al respecto. Y aun así, un increíble 76 % de los niños respondieron a estas preguntas o sí o no.

Niños que tratan de salir de apuros en un test simple como este están preparados para hacer carrera en el mundo de los negocios o la política, donde casi nadie reconoce nunca que no sabe algo. Hace mucho tiempo que se dice que las palabras más difíciles de pronunciar son «Te quiero». ¡Ni hablar! Para la mayoría de la gente es más difícil decir «No lo sé». Es una pena, porque mientras no puedas reconocer lo que todavía no sabes, será prácticamente imposible que aprendas lo que necesitas saber.

Antes de meternos en las razones para todos estos engaños —y los costes y las soluciones— aclaremos a qué nos referimos cuando hablamos de lo que «sabemos».

Hay diferentes niveles y categorías de conocimiento. En lo alto de esta jerarquía se sitúa lo que podríamos denominar «hechos conocidos», cosas que pueden verificarse científicamente. (Daniel Patrick Moynihan dijo en una ocasión: «Todo el mundo tiene derecho a su propia opinión, pero no a sus propios hechos.»)[2] Si insistes en que la composición química del agua es HO_2 en lugar de H_2O, tarde o temprano se demostrará tu error.

Luego están las «creencias», cosas que consideramos ciertas pero que no pueden verificarse con facilidad. En estos temas hay más espacio para el desacuerdo. Por ejemplo: ¿existe realmente el demonio?

Esta pregunta se respondió en una encuesta global. Entre los países incluidos, estos son los cinco primeros en creencia en el demonio, ordenados por porcentaje de creyentes:[3]

1. Malta (84,5 %)
2. Irlanda del Norte (75,6 %)
3. Estados Unidos (69,1 %)
4. Irlanda (55,3 %)
5. Canadá (42,9 %)

Y estos son los cinco países con menos creyentes en el demonio:

1. Lituania (9,1 %)
2. Bulgaria (9,6 %)
3. Dinamarca (10,4 %)
4. Suecia (12,0 %)
5. República Checa (12,8 %)

¿Cómo puede haber una brecha tan profunda en una pregunta sencilla? O bien los lituanos o bien los malteses no saben lo que piensan que saben.

Muy bien, tal vez la existencia del demonio es un tema demasiado sobrenatural para considerarlo factual. Miremos una pregunta de un ámbito diferente, una que se sitúa en algún lugar entre la creencia y el hecho:

> Según las noticias, grupos de árabes llevaron a cabo los atentados contra Estados Unidos el 11-S. ¿Crees que es cierto o no?

Para la mayoría de nosotros, la pregunta misma es absurda: ¡por supuesto que es cierto! Sin embargo, cuando la planteamos en países predominantemente musulmanes la pregunta recibe una respuesta diferente. Solo el 20 % de los indonesios creían que los árabes llevaron a cabo los atentados del 11-S, junto con el 11 % de los kuwaitíes y el 4 % de los paquistaníes. (Cuando se les preguntó quién era responsable, los que respondían culparon al gobierno israelí o al estadounidense o a «terroristas no musulmanes».)

Muy bien, así que lo que «sabemos» puede estar claramente modelado por puntos de vista políticos o religiosos. El mundo también está lleno de «empresarios del error», como los llama el economista Edward Glaeser, líderes políticos, religiosos y económicos que «proporcionan creencias cuando ello aumentará sus propios réditos económicos o políticos».

Por sí solo, ya es problema suficiente. Pero lo que está en juego aumenta cuando de manera rutinaria simulamos saber más de lo que sabemos.

Piensa en algunas de las cuestiones complicadas que políticos y directores de negocios afrontan cada día. ¿Cuál es la mejor manera de impedir los tiroteos masivos? ¿Los beneficios del *fracking* compensan los costes medioambientales? ¿Qué ocurre si permitimos que un dictador de Oriente Próximo que nos odia permanezca en el poder?

Cuestiones como estas no pueden responderse tan solo reuniendo un conjunto de hechos; requieren criterio, intuición y hacer cábalas sobre cómo saldrán finalmente las cosas. Además, son cuestiones de causa y efecto multidimensionales, lo cual significa que sus resultados son al mismo tiempo distantes y matizados. Con cuestiones complejas, puede resultar dificilísimo adjudicar una causa particular a un efecto dado. ¿La prohibición del arma de asalto realmente redujo el crimen o fue uno de una docena de factores? ¿La economía se ralentizó porque los impuestos eran demasiado elevados o los auténticos culpables fueron las exportaciones chinas y la subida de los precios del petróleo?

En otras palabras, puede resultar difícil «saber» a ciencia cierta qué causó o resolvió un problema determinado; y eso con sucesos que ya han ocurrido. Piensa en hasta qué punto es más difícil predecir lo que funcionará en el futuro. «La predicción —como le gustaba decir a Niels Bohr— es muy difícil, y más si es sobre el futuro.»[4]

Sin embargo, oímos continuamente a expertos —no solo políticos y empresarios, sino también expertos de deportes, gurús de la bolsa y por supuesto meteorólogos— que nos cuentan que saben muy bien cómo se desarrollará el futuro. ¿De verdad saben de qué están hablando o, como los escolares británicos, solo van de farol?

En años recientes, los académicos han empezado a estudiar de manera sistemática las predicciones de diversos expertos. Uno de los estudios más impresionantes lo llevó a cabo Philip Tetlock, profesor de psicología en la Universidad de Pensilvania.[5] Se centró en la política. Tetlock examinó a casi trescientos expertos —autoridades gubernamentales, académicos de ciencias políticas, expertos en seguridad nacional y economistas— que hicieron miles de predicciones que él analizó a lo largo de veinte años. Por ejemplo: ¿en la Democracia X —pongamos Brasil— el actual partido mayoritario retendrá, perderá o fortalecerá su posición en las siguientes elecciones? O ¿en el País No Democrático Y —Siria quizás— el carácter básico del régimen político cambiará en los cinco próximos años? ¿En los próximos diez años? En ese caso, ¿en qué dirección?

Los resultados del estudio de Tetlock fueron aleccionadores. Estos máximos expertos de expertos —el 96 %

de ellos tenían formación de doctorado— «pensaban que sabían más de lo que sabían», concluye. ¿Qué precisión tenían sus predicciones? No eran mucho mejores que «monos lanzando dardos», como suele bromear Tetlock.

«Oh, la comparación con los monos que lanzan dardos, eso vuelve para acosarme todo el tiempo —dice—, pero con respecto a cómo lo hicieron en relación con, pongamos, un grupo de estudiantes de Berkeley, lo hicieron algo mejor que eso. Pero ¿lo hicieron mejor que un algoritmo de extrapolación? No.»

El «algoritmo de extrapolación» de Tetlock es simplemente un ordenador programado para predecir «ningún cambio en la situación actual». Lo cual, si piensas en ello, es la forma de un ordenador de decir: «No lo sé.»

Un estudio similar de una empresa llamada CXO Advisory Group examinó más de seis mil predicciones de expertos bursátiles a lo largo de varios años.[6] Descubrió un índice de precisión general del 47,4 %. Una vez más, el chimpancé que lanza dardos probablemente lo habría hecho igual de bien, y, si consideras las tarifas de los estudios de inversión, mucho más barato.

Cuando le piden que nombre las características de alguien particularmente malo en las predicciones, Tetlock solo necesita una palabra: «Dogmatismo.» Esto es, una fe inquebrantable en que algo es cierto aunque no lo sea. Tetlock y otros académicos que han seguido a expertos destacados descubren que suelen tener un «enorme exceso de seguridad», en palabras de Tetlock, incluso cuando sus previsiones resultan completamente equivocadas. Eso es una combinación letal —engreído además de errado—, sobre todo cuando existe una opción más prudente: simplemente admitir que el futuro es mucho menos cognoscible de lo que piensas.

Por desgracia, esto rara vez ocurre. A la gente lista le encanta hacer predicciones que suenan inteligentes, por más erradas que puedan resultar.[7] Este fenómeno fue maravillosamente capturado en un artículo de 1998 para la revista *Red Herring* titulado «Why Most Economists' Predictions Are Wrong» (Por qué la mayoría de las previsiones de los economistas son erradas). Lo escribió Paul Krugman, él mismo economista, que después ganaría el Premio Nobel.[*] Krugman señala que las predicciones de demasiados economistas fallan porque sobrestiman el impacto de las tecnologías futuras, y luego hace unas pocas predicciones por su cuenta. Esta es una: «El crecimiento de Internet se frenará drásticamente cuando el fallo en la ley de Metcalfe —que afirma que el número de conexiones potenciales en una red es proporcional al cuadrado del número de participantes— se evidencie: ¡la mayoría de la gente no tiene nada que decirse entre sí! En 2005 o así, quedará claro que el impacto de Internet en la economía no ha sido mayor que el del fax.»

Al escribir esto, solo las capitalizaciones bursátiles de Google, Amazon y Facebook ascendían a más de 700.000 millones de dólares, lo cual supera el PIB de todos los países del mundo menos dieciocho.[8] Si añadimos Apple,

---

[*] El Premio Nobel de Economía, instituido en 1969, no es uno de los Premios Nobel originales, y por consiguiente oficiales, que desde 1906 se han otorgado en Física, Química, Fisiología o Medicina, Literatura y Paz. En cambio, el premio de Economía se llama oficialmente Premio del Riksbank Sueco en Ciencias de la Economía en Memoria de Alfred Nobel. Hay diversas discusiones con relación a si el premio de Economía debería llamarse de hecho Premio Nobel. Aunque simpatizamos con los historiadores y semanticistas que argumentan contra ello, no vemos ningún daño en ceñirnos a lo que se ha convertido en uso aceptado.

que no es una empresa de Internet pero no podría existir sin él, la capitalización bursátil total es de 1,2 billones de dólares. Con eso se podrían comprar un montón de máquinas de fax.

A lo mejor necesitamos más economistas como Thomas Sargent. Él también ganó un Nobel, por su trabajo midiendo causa y efecto macroeconómico. Sargent probablemente ha olvidado más sobre la inflación y tipos de interés de lo que el resto de nosotros sabremos nunca. Cuando Ally Bank quiso producir un anuncio de televisión hace unos años ofreciendo un certificado de depósito con una característica de «aumenta tu porcentaje», Sargent fue el primer citado.

El entorno es un auditorio cuyo escenario evoca un club universitario: arañas de luces, estanterías ordenadas, retratos de caballeros distinguidos colgados en las paredes. Sargent, sentado majestuosamente en una butaca de cuero, espera a que lo presenten. Un moderador empieza:

MODERADOR: Esta noche, nuestro invitado es Thomas Sargent, laureado con el Premio Nobel de Economía y uno de los economistas más citados del mundo. Profesor Sargent, ¿puede decirnos cuáles serán los índices de los certificados de depósito dentro de dos años?

SARGENT: No.

Y punto. Como señala el anuncio de Ally: «Si él no puede, nadie puede», de ahí la necesidad de un índice ajustable de certificados de depósito. El anuncio es obra de un genio cómico. ¿Por qué? Porque Sargent, al dar la única respuesta correcta a una pregunta virtualmente sin respuesta, muestra lo absurdo que es que tantos de nosotros rutinariamente no seamos capaces de hacer lo mismo.

No solo se trata de que sabemos menos de lo que pretendemos sobre el mundo exterior; ni siquiera nos conocemos tan bien nosotros mismos. La mayoría de la gente es terrible con la tarea en apariencia sencilla de valorar sus propios talentos. Como manifestaron recientemente dos psicólogos en una revista científica: «A pesar de pasar más tiempo con ellos mismos que con ninguna otra persona, la gente con frecuencia tiene un conocimiento sorprendentemente pobre de sus capacidades y habilidades.»[9] Un ejemplo clásico: cuando se les pidió que valoraran su habilidad para conducir, aproximadamente un 80 % de los que respondieron se valoraron mejor que el conductor medio.[10]

Pero digamos que eres excelente en una cosa, un verdadero maestro en tu campo, como Thomas Sargent. ¿Significa eso que es también más probable que destaques en un campo diferente?

Un corpus de investigación considerable dice que la respuesta es no. Lo que hay que aprender aquí es simple pero significativo: solo porque seas muy bueno en algo no significa que seas bueno en todo. Por desgracia, este hecho es pasado por alto de manera rutinaria por aquellos que se dedican al —respira hondo— *ultracrepidarianismo* o «hábito de dar opiniones y consejo sobre cuestiones ajenas al conocimiento o competencia de uno».[11]

Hacer hipótesis grandiosas sobre tus capacidades y no saber reconocer lo que no sabes puede conducir, de manera nada sorprendente, al desastre. Cuando los alumnos inventan sus respuestas sobre una historia de un viaje a la costa, no hay consecuencias; su reticencia a decir «No lo sé» no impone costes reales a nadie. Pero en el mundo real, los costes sociales de fingir saber pueden ser enormes.

Considera la guerra de Irak. Se llevó a cabo sobre todo por las afirmaciones de Estados Unidos de que Saddam Hussein tenía armas de destrucción masiva y estaba aliado con Al Qaeda. A buen seguro había algo más que eso —política, petróleo y quizá venganza—, pero fueron las afirmaciones sobre Al Qaeda y las armas lo que decantó la balanza. Ocho años, 800.000 millones de dólares y casi 4.500 estadounidenses muertos después —junto con al menos 100.000 víctimas iraquíes— era tentador considerar lo que podría haber ocurrido si los que efectuaron esas afirmaciones reconocieran que de hecho «no sabían» si eran ciertas.[12]

Igual que un entorno cálido y húmedo propicia la extensión de bacterias letales, los mundos de la política y los negocios —con sus largos marcos temporales, resultados complejos y causas y efecto turbios— propician que cábalas hechas a la ligera se propaguen como si se tratara de hechos. Y aquí está el porqué: la gente que hace cábalas descabelladas puede normalmente salirse con la suya. Para cuando las cosas se han desarrollado y todos se han dado cuenta de que no sabían de lo que estaban hablando, los faroleros han desaparecido hace tiempo.

Si las consecuencias de simular saber pueden ser tan dañinas, ¿por qué la gente sigue haciéndolo?

Es fácil: en la mayoría de los casos, el coste de decir «No lo sé» es más elevado que el coste de equivocarse, al menos para el individuo.

Volvamos a pensar en el jugador de fútbol que estaba a punto de chutar el penalti que puede cambiarle la vida.

Apuntar al centro tiene más posibilidades de éxito, pero apuntar a una esquina es menos arriesgado para su propia reputación. Así que allí es adonde dispara. Cada vez que simulamos saber algo, estamos haciendo lo mismo: protegiendo nuestra propia reputación más que promover el bien común. Ninguno de nosotros quiere parecer estúpido, o al menos derrotado, al reconocer que no conocemos una respuesta. Los incentivos para fingir son demasiado fuertes.

Los incentivos también pueden explicar por qué tanta gente desea predecir el futuro. Una gran recompensa aguarda a cualquiera que haga una predicción grande y audaz que resulte acertada. Si dices que el índice bursátil se triplicará en doce meses y realmente ocurre, serás celebrado durante años (y bien pagado para predicciones futuras). ¿Qué ocurre si en cambio el mercado se hunde? No te preocupes: tu predicción se olvidará enseguida. Como casi nadie tiene un fuerte incentivo para seguirles la pista a las predicciones erradas de todos los demás, no cuesta casi nada simular que sabes lo que ocurrirá en el futuro.

En 2011, un anciano predicador de una radio cristiana llamado Harold Camping copó los titulares en todo el mundo al predecir que el Arrebatamiento ocurriría el sábado 21 de mayo de ese año.[13] El mundo terminaría, advirtió, y siete mil millones de personas —todos menos los creyentes más recalcitrantes— morirían.

Uno de nosotros tiene un hijo menor que vio estos titulares y se asustó. Su padre le tranquilizó asegurando que las predicciones de Camping carecían de base, pero el chico estaba inquieto. En las noches anteriores al 21 de mayo, lloraba hasta que se quedaba dormido; fue una experiencia horrible para todos. Y entonces el sábado amaneció brillante y claro y el mundo seguía de una pieza. El chico, con la valentía impostada de un niño de diez años, declaró que nunca se había asustado.

—Aun así —dijo su padre—, ¿qué crees que debería ocurrirle a Harold Camping?

—Oh, eso es fácil —respondió el chico—. Deberían fusilarlo.

Este castigo podría parecer extremo, pero el sentimiento es comprensible. Cuando las malas predicciones no se castigan, ¿qué incentivo hay para dejar de hacerlas? Recientemente se propuso una solución en Rumanía. Ese país alardea de una nutrida población de «adivinadoras», mujeres que se ganan la vida leyendo la fortuna.[14] Los legisladores decidieron que deberían regularse, pagar impuestos y —lo más importante— abonar una multa o incluso ir a prisión si sus predicciones fallan. Las adivinadoras estaban comprensiblemente inquietas. Una de ellas respondió como si tuviera la solución: amenazó con lanzar un hechizo a los políticos con heces de gato y un cadáver de perro.

Hay otra explicación de por qué tantos de nosotros pensamos que sabemos más de lo que sabemos. Tiene que ver con algo que todos llevamos encima a todas partes, aun no siendo conscientes de ello: una brújula moral.

Cada uno va dando forma a una brújula moral (algunos de manera más vigorosa que otros, a buen seguro) al avanzar a través de este mundo. Esto es en su mayor parte algo maravilloso. ¿Quién quiere vivir en un mundo donde la gente campa a sus anchas sin ninguna consideración por la diferencia entre lo correcto y lo errado?

Pero cuando se trata de resolver problemas, una de las mejores formas de empezar es apartar nuestras brújulas morales.

¿Por qué?

Cuando te obsesionas con la corrección o incorrección de cierta cuestión —ya sea el *fracking* o el control de armas o los transgénicos— es fácil perder la pista de cuál es realmente la cuestión. Una brújula moral puede convencerte de que todas las respuestas son obvias (aun cuando no lo sean); de que hay una línea brillante entre lo correcto y lo errado (cuando con frecuencia no la hay), y, peor, darte la certeza de que ya conoces todo lo que necesitas saber sobre un tema, con lo cual puedes dejar de tratar de aprender más.

En siglos pasados, los navegantes que confiaban en la brújula descubrían que de vez en cuando daba lecturas erráticas que los desviaban de la derrota.[15] ¿Por qué? El uso cada vez mayor del metal en los barcos —clavos de hierro, herramientas de los marineros e incluso hebillas y botones— interfería con la lectura magnética de la brújula. Con el tiempo, los navegantes buscaron diversas soluciones para impedir que el metal interfiriera con la brújula. No estamos sugiriendo que tires tu brújula moral a la basura —nada de eso—, sino solo que la dejes de lado temporalmente, para impedir que nuble tu visión.

Considera un problema como el suicidio. Es tan moralmente tenso que rara vez lo discutimos en público; es como si hubiéramos colocado un trapo negro sobre el tema.[16]

Esto no parece estar funcionando muy bien. Hay unos 38.000 suicidios al año en Estados Unidos, más del doble que el número de homicidios. El suicidio es una de las diez causas de muerte principales en casi todos los grupos de edad. Como hablar de suicidio implica un fuerte tabú moral, estos hechos son poco conocidos.

Al escribir esto, el índice de homicidios en Estados Unidos es menor de lo que ha sido en cincuenta años.[17] Y el índice de víctimas de tráfico se sitúa en un mínimo histórico, después de haberse reducido en dos tercios desde la década de 1970.[18] Sin embargo, el índice de suicidios apenas se ha movido; y peor todavía, el suicidio en la población de entre 15 y 24 años se ha triplicado a lo largo de las últimas décadas.

Por tanto, uno podría pensar que la sociedad se ha esforzado en conocer todo lo posible sobre lo que conduce a la gente al suicidio.

David Lester, profesor de psicología en el Richard Stockton College de Nueva Jersey, probablemente ha pensado en el suicidio más tiempo, con más intensidad y desde más ángulos que ningún otro ser humano. En más de 2.500 publicaciones académicas ha explorado la relación entre suicidio y, entre otras cosas, alcohol, ira, antidepresivos, signos del zodíaco, bioquímica, grupo sanguíneo, tipo corporal, depresión, abuso de drogas, manipulación de armas, felicidad, vacaciones, uso de Internet, coeficiente intelectual, enfermedades mentales, migrañas, la luna, música, letras de himnos nacionales, tipo de personalidad, sexualidad, fumar, espiritualidad, ver la tele y espacios abiertos amplios.

¿Todo este estudio condujo a Lester a alguna magnífica teoría unificada del suicidio? Más bien no. Hasta el momento no tiene ninguna conclusión convincente. Es lo que podría llamarse la teoría del suicidio del «no queda nadie a quien culpar». Mientras que uno podría esperar que el suicidio sea más común entre gentes cuyas vidas son más duras, la investigación de Lester y otros sugieren lo contrario: el suicidio es más común entre gente con un nivel de vida más alto.

«Si eres infeliz y tienes algo a lo que culpar por tu infelicidad (sea el gobierno, la economía u otra cosa), entonces eso más o menos te inmuniza contra cometer suicidio —dice—. Es cuando no hay ninguna causa externa a la que culpar por tu infelicidad cuando el suicidio se vuelve más probable. He utilizado esta idea para explicar por qué los afroamericanos tienen tasas de suicidio más bajas, por qué gente que recupera la vista se suicida con frecuencia y por qué las tasas de suicidio entre adolescentes a menudo se elevan cuando mejora su calidad de vida.»

Dicho esto, Lester admite que lo que él y otros expertos conocen del suicidio queda empequeñecido por aquello que desconocen. No sabemos mucho, por ejemplo, del porcentaje de gente que busca ayuda antes de contemplar el suicidio. No sabemos mucho sobre el «impulso suicida», cuánto tiempo pasa entre la decisión de una persona y la acción. Ni siquiera sabemos qué porcentaje de suicidas están mentalmente enfermos. Hay mucho desacuerdo sobre esta cuestión, dice Lester, que calcula un rango que va entre el 5 y el 94 %.

«Se espera de mí que tenga respuestas para preguntas como por qué la gente se quita la vida —dice—. Pero mis colegas y yo, cuando estamos relajados, con frecuencia reconocemos que realmente no tenemos mucha idea de por qué la gente se suicida.»

Si alguien como David Lester, una de las mayores autoridades mundiales en este campo, está dispuesto a reconocer lo mucho que tiene que aprender, ¿no sería más fácil para todos hacer lo mismo? Pues bien, adelante con el aprendizaje.

La clave para aprender es el *feedback*. Es casi imposible aprender algo sin ello.

Imagina que eres el primer humano en la historia que está tratando de hacer pan, pero no se te permite hornearlo y ver cómo resulta la receta. Claro, puedes ajustar los ingredientes y otras variables todo lo que quieras. Pero si nunca puedes hornear y probar el producto acabado, ¿cómo sabrás qué funciona y qué no? ¿La proporción entre harina y agua ha de ser 3:1 o 2:1? ¿Qué ocurre si añades sal o aceite o levadura, o quizás excremento animal? ¿Debería dejarse que la masa reposara antes de hornearla, y en ese caso, cuánto tiempo y en qué condiciones? ¿Cuánto tiempo de cocción necesita? ¿Tapado o destapado? ¿A qué temperatura debería estar el horno?

Incluso con buen *feedback*, puede hacer falta tiempo para aprender. (¡Solo imagina lo malo que sería ese primer pan!) Pero sin *feedback* no tienes ninguna oportunidad, continuarás cometiendo los mismos errores para siempre.

Afortunadamente, nuestros antepasados descubrieron cómo hornear pan, y desde entonces hemos aprendido toda clase de cosas: construir una casa, conducir un coche, escribir un código informático, incluso averiguar la clase de políticas económicas y sociales que gustan a los votantes. Votar puede ser uno de los *feedbacks* más enrevesados, pero es *feedback* de todos modos.

En un escenario simple es fácil recopilar *feedback*. Cuando estás aprendiendo a conducir un coche, es muy obvio lo que ocurrirá si tomas una curva cerrada a 120 km/h. (¡Hola, barranco!) Pero cuanto más complejo es un problema, más difícil es obtener un buen *feedback*. Puedes recopilar un montón de datos, y eso podría ser útil, pero para medir de manera fiable causa y efecto has de hurgar debajo de los hechos. Podrías tener que salir resueltamente y crear *feedback* mediante un experimento.

No hace mucho, conocimos algunos ejecutivos de un gran minorista internacional. Estaban gastando centenares de millones de dólares al año en propaganda en Estados Unidos —sobre todo, anuncios de televisión y folletos en periódicos del domingo—, pero no estaban seguros de lo eficaz que era. Hasta el momento, habían llegado a una conclusión concreta: los anuncios en la tele eran unas cuatro veces más eficaces, dólar por dólar, que los anuncios impresos.

Preguntamos cómo sabían eso. Sacaron algunos bonitos gráficos en PowerPoint a todo color que registraban la relación entre los anuncios de la tele y las ventas de artículos. Sin ninguna duda, había un importante pico de ventas cada vez que salían los anuncios de la tele. *Feedback* valioso, ¿eh? Humm... vamos a asegurarnos.

Preguntamos con cuánta frecuencia se emitían esos anuncios. Los ejecutivos explicaron que como los anuncios televisivos son mucho más caros que los impresos, se concentraban en solo tres días: Black Friday, Navidad y el Día del Padre. En otras palabras, la empresa gastaba millones de dólares para convencer a la gente de que saliera de compras justo el mismo día en que millones de personas iban a ir de compras de todos modos.

Entonces ¿cómo podían saber que los anuncios de televisión causaban ese incremento de ventas? ¡No podían saberlo! La relación causal podría desplazarse con la misma facilidad en la dirección opuesta, con el esperado incremento de ventas obtenido por las cadenas televisivas gracias a que la empresa compraba espacios para anuncios. Es posible que la empresa hubiera vendido lo mismo sin gastar ni un solo dólar en esos anuncios. El *feedback* en este caso era prácticamente inútil.

A continuación preguntamos por los anuncios impresos. ¿Con qué periodicidad se publicaban? Un ejecutivo nos contó con orgullo que la empresa había puesto publicidad en prensa todos los domingos durante los últimos veinte años en 250 mercados de Estados Unidos.

¿Habían comprobado si estos anuncios eran eficaces? No podían comprobarlo. Sin hacer ninguna variación, era imposible saberlo.

¿Y si, dijimos, la empresa hiciera un experimento para descubrirlo? En la ciencia, el ensayo y error ha sido el criterio de oro del aprendizaje durante siglos, pero ¿por qué han de ser los científicos los únicos que se diviertan? Describimos un experimento que la empresa podía llevar a cabo. Podían seleccionar cuarenta mercados importantes en todo el país y dividirlos al azar en dos grupos. En el primer grupo, la empresa seguiría sacando publicidad en el periódico cada domingo. En el segundo grupo, apagón absoluto, ni un solo anuncio. Después de tres meses, sería fácil comparar las ventas en los dos grupos y comprobar la relevancia de los anuncios impresos.

—¿Están locos? —dijo un ejecutivo de márketing—. No podemos desaparecer en veinte mercados. Nuestro director general nos mataría.

—Sí —dijo alguien más—, sería como ese chico de Pittsburgh.

¿Qué chico de Pittsburgh?

Nos hablaron de un trabajador en prácticas que ese verano tenía que encargar los anuncios dominicales en los periódicos de Pittsburgh. Por la razón que fuera, tuvo una actuación chapucera y no logró hacer las llamadas. Así pues, durante todo el verano, la empresa no puso anuncios en una gran parte de Pittsburgh.

—Sí —dijo otro ejecutivo—, casi nos despidieron por eso.

—Entonces ¿qué ocurrió —preguntamos—, con las ventas de la empresa en Pittsburgh ese verano?

Nos miraron, luego se miraron entre ellos, y con vergüenza reconocieron que nunca se les había ocurrido comprobar los datos. Cuando volvieron y estudiaron los números, descubrieron algo asombroso: el apagón de anuncios no había afectado las ventas de Pittsburgh en absoluto.

—Bueno —dijimos—, eso sí es *feedback* valioso. —La empresa bien podría estar malgastando millones de dólares en anuncios. ¿Cómo podían saberlo los ejecutivos a ciencia cierta? Ese experimento de los cuarenta mercados ayudaría a responder la pregunta—. Bien —les preguntamos—, ¿estáis listos para probarlo?

—¿Están locos? —se obstinó el ejecutivo de márketing—. ¡Nos despedirían si lo hiciéramos!

Hasta el día de hoy, cada domingo y en cada mercado, esta empresa sigue comprando publicidad en los periódicos, aunque el único elemento real de *feedback* que tuvieron es que los anuncios no funcionan.

El experimento que propusimos, aunque herético para los ejecutivos de esta empresa, era simple. Les habría permitido recopilar limpiamente el *feedback* que necesitaban. No hay garantía de que se hubieran sentido felices con el resultado —quizás habrían necesitado gastar más dinero en anuncios o tal vez los anuncios solo tenían éxito en ciertos mercados—, pero al menos habrían obtenido algunas pistas respecto a lo que funciona y lo que no. El milagro de un buen experimento es que, con un simple corte, puedes eliminar toda la complejidad que hace que resulte tan difícil determinar causa y efecto.

Sin embargo, esta clase de experimentación es lamentablemente rara en las empresas y en mundos sin ánimo de lucro, gobierno y demás. ¿Por qué?

Una razón es la tradición. Según nuestra experiencia, muchas instituciones están acostumbradas a tomar decisiones basadas en alguna mezcla fangosa de instinto, brújula moral y la decisión previa que tomaron, sea cual sea.

Una segunda razón es la falta de experiencia: pese a que no es difícil llevar a cabo un experimento sencillo, a la mayoría de la gente nunca le han enseñado a hacerlo y eso puede cohibirla.

Pero existe una tercera y más desalentadora explicación para esta reticencia general a la experimentación: requiere que alguien diga «No lo sé». ¿Por qué tontear con un experimento cuando ya conoces la respuesta? Mejor que perder el tiempo, puedes simplemente financiar el proyecto o aprobar la ley sin tener que preocuparte por detalles nimios como si funcionará o no.

Si, no obstante, estás dispuesto a pensar como un freak y reconocer que no lo sabes, verás que prácticamente no existe límite para el poder de un buen experimento aleatorio.

Desde luego, no todos los escenarios se prestan a la experimentación, sobre todo en cuestiones sociales. En la mayoría de lugares —al menos en la mayoría de las democracias— no puedes simplemente seleccionar al azar segmentos de la población y exigirles que, digamos, tengan diez hijos en lugar de dos o tres; o que durante veinte años solo coman lentejas; o que vayan a la iglesia cada día.

Por eso vale la pena andar a la caza de algún «experimento natural» que produzca la clase de *feedback* que obtendrías si pudieras exigir aleatoriamente a la gente que cambiara su conducta.

Muchos de los escenarios que hemos descrito en nuestros libros anteriores han sacado partido de experimentos naturales. Al tratar de medir las repercusiones de enviar a millones de personas a la cárcel, nos aprovechamos de demandas de derechos civiles que obligaron a prisiones superpobladas de algunos estados a liberar a miles de reclusos; algo que ningún gobernador o alcalde haría por voluntad propia.[19] Al analizar la relación entre aborto y crimen, nos valimos del hecho de que la legalización del aborto se produjo de manera escalonada en los diversos estados;[20] esto nos permitió aislar mejor los efectos que si se hubiera legalizado en todas partes al mismo tiempo.

No obstante, experimentos naturales tan sustanciales como estos no son comunes. Una alternativa consiste en preparar un experimento de laboratorio. Los sociólogos suelen reclutar legiones de estudiantes para que representen escenarios diversos, y eso les permite ampliar los conocimientos sobre diversas cosas, desde el altruismo hasta la gula o la criminalidad. Algunos experimentos de laboratorio resultan increíblemente útiles para explorar conductas que no son fáciles de seguir en el mundo real. Los resultados suelen ser fascinantes, pero no necesariamente reveladores.

¿Por qué no? La mayoría de ellos simplemente no tienen suficiente semejanza con los escenarios del mundo real que tratan de recrear. Son el equivalente académico de un grupo centrado en el márketing: un pequeño grupo de voluntarios escogidos en un entorno artificial que obedientemente lleva a cabo las tareas requeridas por la persona a cargo. Los experimentos de laboratorio tienen un valor incalculable en las ciencias exactas, en parte porque los neutrinos y las mónadas no cambian su conducta cuando los están observando; pero los humanos sí lo hacen.

Una mejor manera de tener buen *feedback* es llevar a cabo un experimento de campo; esto es, más que tratar de imitar el mundo real en un laboratorio, llevar la mentalidad de laboratorio al mundo real.[21] Sigues realizando un experimento, pero los sujetos no necesariamente lo saben, lo cual significa que el *feedback* que cosechas es puro.

Con un experimento de campo puedes aleatorizar cuanto te parezca, incluir más gente de la que podrías meter en un laboratorio y observar a esas personas respondiendo a incentivos del mundo real y no a los ánimos de un profesor que se cierne sobre ellos. Cuando se hacen bien, los experimentos de campo pueden mejorar radicalmente la resolución de problemas.

Esto ya está ocurriendo. En el capítulo 6 leerás sobre un astuto experimento de campo que llevó a propietarios de viviendas de California a usar menos electricidad, y otro que ayudó a una entidad benéfica a recaudar millones de dólares para ayudar a cambiar las vidas de niños pobres. En el capítulo 9 te contaremos el experimento más audaz que hemos hecho nunca, en el cual reclutamos gente que se enfrenta a decisiones duras de la vida —si unirse al ejército, dejar un trabajo o poner fin a una relación romántica— y, lanzando una moneda, tomamos la decisión por ellos al azar.

Por útiles que puedan ser los experimentos, hay una razón más por la que un freak debería intentarlos: ¡son divertidos! Una vez que abrazas el espíritu de la experimentación, el mundo se convierte en un cajón de arena en el cual probar nuevas ideas, plantear nuevas preguntas y desafiar las ortodoxias imperantes.

Podría sorprenderte, por ejemplo, el hecho de que algunos vinos sean mucho más caros que otros. ¿De verdad los vinos más caros saben mejor? Hace unos años, uno de nosotros intentó un experimento para comprobarlo.

El entorno era la Society of Fellows, un puesto de avanzada de Harvard donde los estudiantes de doctorado llevan a cabo investigaciones y, una vez por semana, se sientan con sus estimados *fellows* mayores durante una cena formal. El vino es una parte muy importante de estas cenas, y la Sociedad alardeaba de una bodega formidable. No es raro que una botella cueste más de cien dólares. Nuestro joven *fellow* preguntó si este gasto estaba justificado. Varios *fellows* mayores, que conocían el vino, le aseguraron que lo era: una botella cara, le contaron, era generalmente muy superior que otra más barata.

El joven *fellow* decidió organizar una cata a ciegas para ver qué había de realidad en esto.[22] Pidió al sumiller de la Sociedad que trajera dos buenos reservas de la bodega. Entonces fue a una licorería y compró la botella más barata que tenían producida con la misma variedad de uva. Costó ocho dólares. Vertió los tres vinos en cuatro decantadores, con uno de los vinos de bodega repetidos. La distribución quedó así:

DECANTADOR	VINO
1	VINO CARO A
2	VINO CARO B
3	VINO BARATO
4	VINO CARO A

Cuando llegó la hora de probar los vinos, los *fellows* mayores no podrían haber colaborado más. Hicieron girar el vino, olieron, bebieron; llenaron tarjetas anotando su valoración de cada caldo. No les dijeron que uno de ellos costaba una décima parte que los otros.

¿Los resultados? Como promedio, los cuatro decantadores recibieron puntuaciones casi idénticas, esto es, el vino barato tenía un sabor igual de bueno que los caros. Pero eso ni siquiera fue el hallazgo más sorprendente. El *fellow* joven también comparó cómo cada bebedor puntuó cada vino en comparación con los otros tres. ¿Adivinas qué dos vinos juzgaron como más diferentes uno del otro? Los escanciados en los decantadores 1 y 4, ¡que habían sido llenados de la misma botella!

Estos resultados no fueron recibidos con una entusiasta ovación. Uno de los *connaisseur fellows* mayores anunció que tenía un resfriado, lo cual presumiblemente había estropeado su paladar, y salió rápidamente de la sala.

Muy bien, así que quizás este experimento no fue muy deportivo o científico. ¿No sería bonito ver los resultados de un experimento más consistente del mismo estilo?

Robin Goldstein, crítico de alimentación y vino que ha estudiado neurociencia, derecho y cocina francesa, decidió llevar a cabo tal experimento. A lo largo de varios meses, organizó diecisiete catas a ciegas en Estados Unidos en las que participaron más de quinientas personas, desde principiantes a sumilleres y vinicultores.

Goldstein usó 523 vinos diferentes, de 1,65 a 150 dólares la botella. Las catas eran a doble ciego, lo cual significaba que ni la persona que bebía el vino ni la que lo servía conocían su identidad o precio. Después de cada vino, el bebedor respondería esta pregunta: «En general,

¿cómo encuentras este vino?» Las opciones eran «malo» (1 punto), «correcto» (2 puntos), «bueno» (3 puntos) y «excelente» (4 puntos).

La puntuación media de todos los caldos fue de 2,2, justo por encima de «correcto». ¿Los vinos más caros obtuvieron más puntos? Pues no. Goldstein descubrió que, como promedio, los participantes «disfrutan de los vinos más caros ligeramente menos» que de los baratos. Tuvo cuidado de señalar que los expertos —alrededor del 12 % de los participantes tenían algún conocimiento enológico— no preferían los vinos baratos, pero tampoco estaba claro que prefirieran los caros.

Cuando compras una botella de vino, ¿en ocasiones basas tu decisión en lo bonita que es la etiqueta? Según los resultados de Robin Goldstein, no parece una mala estrategia: al menos es fácil distinguir las etiquetas, a diferencia del contenido de la botella.

Goldstein, ya condenado al estatus de hereje en la industria del vino, tenía que intentar un experimento más. Si los vinos más caros no son mejores que los baratos, se preguntó, ¿qué hay de las puntuaciones y premios de los críticos? ¿Qué fiabilidad tienen? El protagonista más conocido en este ámbito es la revista *Wine Spectator*, que reseña miles de vinos y ofrece su Premio a la Excelencia a restaurantes que sirven «una bien elegida selección de productores de calidad, junto con un maridaje al menú tanto en precio como en estilo». Solo unos pocos miles de restaurantes en el mundo poseen esta distinción.

Goldstein se preguntó si ese premio es tan significativo como parece. Creó un restaurante ficticio, en Milán, con una web falsa y un menú falso, «una divertida amalgama de torpes recetas neoitalianas», explicó. Lo llamó Osteria L'Intrepido,[23] traduciendo al italiano el nombre de su propia guía de restaurantes *Fearless Critic*. «Había dos cuestiones a probar aquí —dice—. Una era: ¿hace falta tener una buena carta de vinos para ganar un Premio a la Excelencia de *Wine Spectator*?»

Goldstein prestó mucha atención al crear la carta de vinos ficticia de L'Intrepido, pero no en la dirección que cabría imaginar. En cuanto a la carta de reservas —típicamente lo mejor de un restaurante, los caldos más caros—, eligió vinos particularmente malos. La carta incluía quince vinos que la propia *Wine Spectator* había reseñado, usando su escala de 100 puntos. En esta escala, cualquier cosa por encima de 90 es al menos «extraordinario»; por encima de 80 es al menos «bueno». Si un vino tiene 75-79 puntos, *Wine Spectator* lo califica de «mediocre». Cualquier cosa por debajo de 74 es «no recomendado».

¿Cómo puntuó la revista los quince vinos que Goldstein eligió para su carta de reservas? La puntuación promedio fue de un mísero 71. Uno de los reserva, según *Wine Spectator*, «huele a corral y sabe a decadencia». Otro tenía «un carácter con demasiado disolvente y barniz de uñas». Un cabernet sauvignon de 1995 I Fossaretti, que solo alcanzó 58 puntos, obtuvo esta reseña del *Wine Spectator*: «Hay algo mal aquí... sabe metálico y raro.» En la carta de reservas de Goldstein, esta botella se valoró en 120 euros; el precio medio de las quince botellas era de unos 180 euros.

¿Cómo podía esperar Goldstein que un restaurante falso cuyos vinos más caros habían recibido terribles críticas de *Wine Spectator* ganaran un Premio a la Excelencia de la revista?

«Mi hipótesis —dice— era que la cuota de 250 dólares de afiliación a la revista era la verdadera parte funcional de la solicitud.»

Así pues, envió el cheque, la solicitud y su carta de vinos. No mucho después, el contestador en su falso restaurante milanés recibió una llamada real de *Wine Spectator* desde Nueva York. Había ganado un Premio a la Excelencia. La revista también preguntó «si tendría interés en publicitar su premio con un anuncio en el siguiente número». Esto condujo a Goldstein a concluir que «todo el programa de premios era realmente solo un ardid publicitario».

—¿Significa eso —le preguntamos—, que nosotros dos —que no sabemos nada de dirigir un restaurante— podríamos esperar ganar un Premio a la Excelencia de *Wine Spectator*?

—Sí —dijo—, si vuestros vinos son lo bastante malos.

Quizá piensas que resulta obvio que «premios» como este son hasta cierto punto una maniobra de márketing. Quizás es también obvio para ti que los vinos más caros no necesariamente saben mejor o que se malgasta mucho dinero en publicidad.

Pero muchas de las ideas obvias son solo obvias a posteriori, después de que alguien se haya tomado el tiempo y el esfuerzo para investigarlas, para demostrar que son ciertas (o no). El impulso de investigar solo puede liberarse si dejas de simular que conoces respuestas que desconoces. Como los incentivos para simular son muy fuertes, esto podría requerir valor por tu parte.

¿Recuerdas esos escolares británicos que inventaron respuestas sobre el viaje de Mary a la costa?[24] Los investigadores que dirigieron ese experimento hicieron un estudio de seguimiento llamado «Ayudar a los niños a decir correctamente "No lo sé" a preguntas sin respuesta». Una vez más, a los niños les plantearon una serie de preguntas; pero en este caso, les dijeron explícitamente que dijeran «No lo sé» si una pregunta no tenía respuesta. La buena noticia es que los niños acertaron al decir «No lo sé» cuando debían, mientras que siguieron respondiendo bien las demás preguntas.

Tomemos ejemplo del progreso de los niños. La siguiente vez que te encuentres con una pregunta que solo puedes simular responder, da el paso y di «No lo sé», y, desde luego, añade «pero quizá podría averiguarlo». Y trabaja con el máximo ahínco en eso. Podría sorprenderte lo comprensiva que se mostrará la gente con tu admisión, sobre todo si das con la respuesta real un día o una semana más tarde.

Pero incluso si esto va mal —si tu jefe se burla de tu ignorancia o no consigues dar con la respuesta por mucho que lo intentes— hay otro beneficio, este más estratégico, en decir ocasionalmente «No lo sé». Digamos que ya lo has hecho en algunas ocasiones. La siguiente vez que estés en un aprieto, afrontando una cuestión importante que simplemente no puedes responder, da el paso e inventa algo; todos te creerán, porque eres el tipo que en anteriores ocasiones fue lo bastante lanzado para reconocer que no sabía la respuesta.

Al fin y al cabo, que estés en la oficina no es razón para dejar de pensar.

3
¿Qué problema tienes?

Si se requiere mucho valor para admitir que no conoces todas las respuestas, imagina lo difícil que es admitir que ni siquiera conoces la pregunta. Y está claro: si planteas la pregunta equivocada, casi puedes dar por seguro que obtendrás la respuesta equivocada.

Piensa en un problema que querrías ver resuelto de verdad. La obesidad epidémica, quizás, o el cambio climático o el declive de la enseñanza pública en Estados Unidos. Ahora pregúntate cómo defines el problema. Con toda probabilidad, tu visión está fuertemente influida por la opinión popular.

La mayoría de la gente no tiene tiempo ni deseos de pensar mucho en grandes problemas como este. Tendemos a prestar atención a lo que otra gente dice y, si sus puntos de vista resuenan en nosotros, deslizamos nuestra percepción y la situamos justo encima de la de ellos. Además, tendemos a concentrarnos en la parte de un problema que nos molesta. Tal vez odias la idea de escuelas de baja calidad porque tu abuela era maestra y parecía mucho más consagrada a la educación que los maestros de hoy.

Para ti es obvio que las escuelas están fracasando porque hay demasiados malos profesores.

Considerémoslo con más atención. En el movimiento para la reforma de la educación en Estados Unidos abundan las teorías sobre los factores clave: tamaño de la escuela, tamaño de la clase, estabilidad administrativa, dinero para tecnología y, sí, preparación del maestro.[1] Es demostrablemente cierto que un buen maestro es mejor que un mal maestro, y también es cierto que la preparación general del maestro ha caído desde la época de tu abuela, en parte porque las mujeres inteligentes ahora tienen muchas más opciones laborales.[2] Además, en algunos países —Finlandia, Singapur, Corea del Sur, etc.— los futuros maestros son reclutados entre los mejores estudiantes con destino a la universidad, mientras que en Estados Unidos es más probable que un maestro proceda de la mitad inferior de su clase.[3] Así pues, quizá tenga sentido que toda conversación sobre la reforma escolar deba centrarse en la capacidad del maestro.

Sin embargo, una gran cantidad de pruebas recientes indican que la capacidad del maestro tiene menos influencia sobre el rendimiento de un estudiante que un conjunto de factores diferentes, a saber: cuánto han aprendido los chicos de sus padres, cuánto trabajan en casa y si los padres les han imbuido el gusto por la educación.[4] Si faltan estos *inputs* de carácter familiar, la escuela no podrá hacer demasiado. Tu hijo solo está en la escuela siete horas al día, 180 días al año o alrededor del 22 % de las horas de vigilia del niño. Tampoco todo ese tiempo se consagra al aprendizaje, hay que contar el tiempo para relacionarse y comer y los trayectos entre la casa y la escuela. Y en el caso de muchos niños, los primeros tres o cuatro años de vida son todo padres y nada de escuela.

Sin embargo, cuando la gente seria habla de reforma de la educación, apenas menciona el rol de la familia en preparar a los hijos para que tengan éxito. Esto se debe en parte a que el propio concepto «reforma educativa» indica que la pregunta es «¿pasa algo con nuestras escuelas?», cuando en realidad, la pregunta podría ser mejor planteada: «¿Por qué los niños estadounidenses saben menos que los niños de Estonia y Polonia?»[5] Cuando planteas la pregunta de manera diferente, buscas respuestas en lugares diferentes.

Así que, tal vez, cuando hablamos de por qué a los niños estadounidenses no les va tan bien, deberíamos hablar menos de escuelas y más de padres.

En nuestra sociedad, si alguien quiere ser peluquero o boxeador o guía de caza —o maestro—, debe formarse y ser reconocido por una agencia estatal. No se solicita un requisito semejante para la paternidad. Cualquiera con órganos reproductivos tiene libertad para tener un hijo sin que se planteen preguntas, y para educarlo como quiera, siempre que no haya hematomas visibles; y luego entregan a ese chico al sistema educativo para que los profesores puedan ejercer su magia.[6] ¿Quizás estamos pidiendo demasiado a las escuelas y demasiado poco a nuestros padres y niños?

Esta es la lección más general: sea cual sea el problema que estás tratando de resolver, asegúrate de que no solo estés atacando la parte ruidosa del problema que capta tu atención. Antes de gastar todo tu tiempo y recursos, es muy importante definir el problema de manera adecuada; o, mejor todavía, redefinir el problema.

Esto hizo un estudiante universitario japonés sin pretensiones cuando afrontó una clase de desafío con el que la mayoría de nosotros ni soñaríamos ni desearíamos.

En el otoño de 2000, un hombre joven que sería conocido como Kobi estaba estudiando economía en la Universidad de Yokkaichi, en la prefectura de Mie.[7] Vivía con su novia Kumi. Iluminaban el apartamento con velas porque ya no podían pagar la factura de la electricidad. Ninguno de ellos venía de una familia pudiente —el padre de Kobi era discípulo en un templo budista y hacía de guía en visitas al templo— y debían meses de alquiler.

Kumi se enteró de un concurso que ofrecía cinco mil dólares al ganador. Sin contárselo a Kobi, envió una postal para inscribirlo. Era una competición de comer televisada.

Distaba mucho de ser una buena idea obvia. Kobi no era nada glotón; era de constitución ligera y medía 1,72 m. No obstante, tenía un estómago fuerte y buen apetito. De niño, siempre rebañaba su plato y en ocasiones también los platos de sus hermanas. También creía que el tamaño estaba sobrevalorado. Uno de sus héroes de infancia era el gran campeón de sumo Chiyonofuji, alias *el Lobo*, que era relativamente ligero pero lo compensaba con una técnica superior.

Kobi accedió a participar en el concurso a regañadientes. Su única opción era ser el más listo de la competición. En la universidad había aprendido sobre la teoría de juegos y en ese momento le vino bien. El concurso tendría cuatro fases: patatas hervidas, un bol de marisco, barbacoa de cordero mongol y fideos. Solo los mejores de cada fase pasarían ronda. Kobi estudió concursos de comer anteriores. Veía que la mayoría de competidores mostraban tanto ímpetu en las primeras rondas que, aunque las superaran, quedaban demasiado exhaustos (y atiborrados) para hacerlo bien en las finales. La estrategia de Kobi consistió en conservar energía y capacidad estomacal comiendo en cada fase lo justo para clasificarse para la siguiente. No era exactamente ciencia aeroespacial, pero, claro, sus competidores tampoco eran científicos aeroespaciales. En la ronda final, Kobi emuló al héroe de sumo de su infancia y engulló suficientes fideos para ganar el premio de cinco mil dólares. Las luces volvieron a encenderse en el apartamento de Kobi y Kumi.

Había más dinero para ganar en los concursos de comida japoneses, pero Kobi, habiendo probado el éxito como aficionado, estaba ansioso por volverse profesional. Puso su punto de mira en la Super Bowl de las competiciones de comer: el Famoso Concurso Internacional de Comer *Hot Dogs* del Cuatro de Julio. Se celebra desde hace unas cuatro décadas en Coney Island, Nueva York —el *New York Times* y otros han escrito que el concurso se remonta a 1916, pero sus promotores reconocen que se inventaron esa historia—, y año tras año convoca más de un millón de telespectadores en la cadena ESPN.[8]

Las reglas eran sencillas: comer tantos *hot dogs* y bollos (HDB oficialmente) como fuera posible en doce minutos. Cualquier HDB o porción que ya estuviera en la boca del concursante cuando sonaba la campana contaría en el total siempre que este terminara tragándoselo. Sin embargo, un participante podía ser descalificado si durante el concurso una cantidad significativa de HDB ya entrada en su boca volvía a salir, conocido en el deporte como «vuelco de fortuna». Se autorizaban los condimentos, pero ningún concursante serio se molestaba. Las bebidas también estaban autorizadas, de cualquier clase y en cantidad ilimitada. En 2001, cuando Kobi decidió participar en el concurso de Coney Island, el récord estaba en un alucinante 25 1/8 HDB en doce minutos.

Kobi practicó en su casa de Japón. Le costaba mucho

encontrar *hot dogs* reglamentarios, así que usó salchichas de pescado picado. En lugar de bollos, cortaba rebanadas de pan. Durante meses, se preparó en el anonimato y llegó a Coney Island también en el anonimato. Un año antes, los tres primeros habían sido japoneses —Kazutoyo *Conejo* Arai ostentaba el récord mundial—, pero este recién llegado no era considerado una amenaza. Algunos pensaban que era estudiante de instituto, en cuyo caso no habría podido participar. Un concursante se burló de él: «¡Tus piernas son más delgadas que mis brazos!»

¿Cómo le fue? En su primer participación, Kobi arrasó y estableció un nuevo récord del mundo. ¿Cuántos *hot dogs* y bollos crees que comió? El récord, recuerda, era 25 1/8. Una opción sensata podría ser 27 o incluso 28 HDB. Eso sería un aumento de más del 10 % sobre el récord mundial. Si quisieras hacer una apuesta realmente agresiva podrías suponer una mejora de un 20 %, lo cual significaría poco más de treinta HDB en doce minutos.

Pero se comió cincuenta. ¡Cincuenta! Eso son más de cuatro HDB por minuto durante doce minutos. El flaco Kobi de veintitrés años —nombre completo Takeru Kobayashi— prácticamente había doblado el récord del mundo.

Solo piensa en ese margen de victoria. El concurso de *hot dogs* de Coney Island no es tan significativo históricamente como, digamos, los cien metros lisos, pero pongamos en perspectiva la hazaña de Kobayashi. El récord de los cien metros, en el momento de escribir esto, lo ostenta Usain Bolt, el velocista jamaicano de apellido premonitorio, con 9,58 segundos. Incluso en una carrera tan corta, Bolt con frecuencia bate a sus rivales por varias zancadas; es ampliamente considerado el mejor velocista de la historia. Antes de Bolt, el récord estaba en 9,74 segundos. Así que su mejoría fue del 1,6 %. Si hubiera tratado ese récord como Kobayashi trató el suyo, Usain Bolt habría corrido los cien metros en unos 4,87 segundos, con una velocidad media de unos 74 km/h. Eso está en un punto entre un galgo y un guepardo.

Kobayashi ganó en Coney Island otra vez al año siguiente, y también los cuatro años posteriores, dejando el récord en 53 3/4 HDB. Ningún campeón del pasado había ganado tres veces, mucho menos seis seguidas. Pero no solo destacaba por la victoria o el margen de victoria. El comedor competitivo típico tenía aspecto de poder tragarse al mismo Kobayashi; era la clase de hombre famoso en su club por consumir dos pizzas enteras y seis cervezas de una sentada. En cambio, Kobayashi era tímido, travieso y analítico.

Se convirtió en una superestrella internacional. En Japón, el entusiasmo por los concursos de comer se enfrió después de que un escolar muriera asfixiado al imitar a sus héroes.[9] Pero Kobayashi encontró numerosas competiciones en otros sitios, estableciendo récords con hamburguesas, *bratwurst*, Twinkies, rollos de cangrejo, tacos de pescado y más. Una rara derrota se produjo en un evento de televisión uno contra uno. En 2,5 minutos, Kobayashi comió 31 *hot dogs* sin bollo, pero su oponente comió 50. El oponente era un oso Kodiak de media tonelada.[10]

Inicialmente, el dominio de Kobi en Coney Island era desconcertante. Algunos rivales pensaban que estaba haciendo trampa. ¿Quizá tomaba un relajante muscular u otra sustancia desconocida para contener el reflejo de reflujo? Se rumoreaba que tragaba piedras para expandir su estómago. Había incluso quien comentaba entre susurros que Kobayashi representaba una trama del gobierno japonés para humillar a los estadounidenses —¡en un concurso celebrado nada menos que el Día de la Independencia!— y que en su país le habían implantado quirúrgicamente un segundo esófago o estómago.

Vaya, ninguna de esas acusaciones era cierta. Entonces ¿por qué Takeru Kobayashi era mucho mejor que todos los demás?

Nos reunimos con él en varias ocasiones para tratar de responder esa pregunta. La primera reunión se celebró una tarde de verano en Nueva York, durante una cena en el Cafe Luxembourg, un restaurante elegante y tranquilo del Upper West Side. Kobayashi comió con delicadeza una pequeña ensalada verde y un trozo de pechuga de pavo sin ninguna salsa, y bebió té inglés. Costaba creer que fuera la misma persona que se embutía tantos *hot dogs* en la boca cuando sonaba la campana; era como observar a un gladiador haciendo ganchillo.

—En comparación con los participantes estadounidenses —dijo—, no como mucho habitualmente. Comer deprisa no es de buena educación. Todo lo que hago va contra las buenas maneras y la moral de los japoneses.

A su madre no le agradaba nada la profesión que había elegido.

—Nunca hablaría con ella de mis concursos o el entrenamiento.

Sin embargo, en 2006, cuando ella se estaba muriendo de cáncer, pareció obtener inspiración de la experiencia de Kobi.

—Estaba haciendo quimioterapia, así que vomitaba mucho. Y me dijo: «Tú también has de combatir el impulso de devolver por comer mucho, así que yo también podría intentar contenerlo.»

Los rasgos de Kobi son delicados: ojos suaves y pómulos altos que la dan aspecto de duendecillo. Lleva el pelo cortado con estilo y teñido, rojo en un lado y amarillo en el otro, representando el kétchup y la mostaza. Empieza a hablar, en voz baja pero intensa, sobre cómo entrenó para su primera competición en Coney Island. Aquellos meses en aislamiento, resultó, fueron una larga tanda de experimentación y *feedback*.

Kobayashi había observado que la mayoría de los participantes de Coney Island utilizaban una estrategia similar, que en realidad no era una gran estrategia. Consistía básicamente en una versión acelerada de cómo una persona cualquiera come un *hot dog* en una barbacoa casera: lo cogían, se metían el *hot dog* y el bollo en la boca, mascaban de punta a punta y tragaban un poco de agua para pasarlo. Kobayashi se preguntó si no habría una forma mejor.

En ningún sitio estaba escrito, por ejemplo, que el perrito ha de comerse de punta a punta. Su primer experimento fue simple: ¿qué ocurriría si partiera la salchicha y el bollo por la mitad antes de comerlo? Esto, descubrió, le proporcionaba más opciones de mascar y cargar, y también permitía que sus manos aliviaran a la boca de parte del trabajo. Esta maniobra se conocería como método salomónico, por el rey Salomón de la Biblia, que resolvió una disputa de maternidad amenazando con cortar un bebé en dos trozos (véase el capítulo 7).

Kobayashi cuestionó ahora otra práctica convencional: comer la salchicha y el bollo juntos. No era sorprendente que todos hicieran eso. La salchicha está cómodamente cobijada en el bollo y, cuando se come por placer, la ternura del bollo combina maravillosamente con la carne resbaladiza y sazonada. Pero Kobayashi no estaba comiendo por placer. Comer salchicha y bollo juntos, descubrió, creaba un conflicto de densidad. La salchicha en sí es un tubo comprimido de carne densa y salada que puede prácticamente deslizarse por la garganta por sí sola. El bollo, aunque esponjoso y menos sustancial, ocupa mucho espacio y requiere mucho masticar.

Así que empezó a sacar las salchichas del bollo.[11] Ahora podía comer un puñado de salchichas sin bollo, partidas por la mitad, y a continuación engullir una ronda de bollos. Era como una empresa de un solo hombre, buscando la clase de especialización que ha acelerado los corazones de los economistas desde los días de Adam Smith.

Pese a la facilidad con que podía zamparse los *hot dogs* —como un delfín entrenado tragando arenque en el acuario—, el bollo seguía siendo un problema. (Si quieres ganar una apuesta de bar, reta a alguien a comer dos bollos de salchicha en un minuto sin una bebida; es casi imposible.) Así pues, Kobayashi probó algo diferente. Mientras comía las salchichas partidas y sin bollo con una mano, usaba la otra mano para hundir el bollo en un vaso de agua. Luego lo apretaba para eliminar el exceso de agua, estrujaba el bollo y se lo metía en la boca. Esto podría parecer contraproducente —¿por qué poner más líquido en tu estómago cuando necesitas todo el espacio disponible para bollos y salchichas?—, pero aplastar el bollo proporcionaba un beneficio oculto. Comer bollos empapados suponía que Kobayashi tenía menos sed durante el concurso, lo cual significaba menos tiempo desperdiciado en beber. Experimentó con la temperatura del agua y descubrió que caliente era mejor, porque relajaba sus músculos de masticación. También salpicó el agua con aceite vegetal, lo cual parecía ayudar a tragar.

Su experimentación fue interminable. Grabó en vídeo

sus sesiones de entrenamiento y registró todos sus datos en una hoja de cálculo, buscando ineficiencias y limando milisegundos. Experimentó con el ritmo: ¿era mejor ir a tope los primeros cuatro minutos, reducir en los cuatro intermedios y acelerar al final, o era preferible mantener un ritmo uniforme? (Comprobó que un inicio rápido era mejor.) Descubrió que dormir mucho era especialmente importante. También lo era el entrenamiento de peso: músculos fuertes ayudaban a triturar y contribuían a resistir el reflejo del vómito. También descubrió que podía hacer más espacio en su estómago dando saltos y retorciéndose mientras comía: una extraña danza animalesca que se conoció como Kobayashi Shake.

Igual de importante que la táctica que adoptó eran aquellas que rechazó. A diferencia de otros participantes en concursos de engullir, nunca se entrenó en un restaurante *self-service*. («Si hago eso, no sé cuánto como y de qué.») No escuchaba música mientras comía («No quiero oír ningún sonido adicional»). Descubrió que beber litros de agua podía expandir su estómago, pero el resultado final era desastroso. («Empecé a tener una especie de ataque, como una crisis epiléptica. Así que eso fue un grave error.»)

Cuando lo compiló todo, Kobayashi descubrió que su preparación física podía producir un estado mental elevado. «Los últimos dos minutos son los momentos más duros y te preocupas, pero si tienes gran concentración, lo disfrutas. Sientes dolor y sufrimiento, pero al mismo tiempo que lo sientes, te sientes más excitado. Y entonces es cuando tienes el subidón.»

Pero espera un momento. ¿Y si Kobayashi, con toda su innovación metodológica, era simplemente una rareza anatómica, una máquina de comer que se da una vez cada generación?

La mejor prueba contra este argumento es que sus rivales empezaron a alcanzarlo. Después de seis años de dominio en Coney Island, Kobayashi fue superado por un participante estadounidense, Joey *Jaws* Chestnut, que desde entonces ha ganado siete concursos seguidos.

Suele batir a Kobayashi por los pelos. Ambos han seguido elevando el récord mundial, con Chestnut engullendo unos alucinantes 69 HDB en solo diez minutos (el concurso se redujo en dos minutos en 2008). Entretanto, unos cuantos rivales —entre ellos Patrick *Deep Dish* Bertoletti y Tim *Eater X* Janus— rutinariamente comen más HDB que Kobayashi la primera vez que dobló el viejo récord. También lo hace la poseedora del récord femenino: Sonya *Viuda Negra* Thomas, de 45 kilos, que ha comido 45 HDB en diez minutos. Algunos rivales de Kobayashi le han copiado ciertas estrategias. Todos ellos se beneficiaron de saber que engullir cuarenta o cincuenta HDB, lo cual se había considerado algo imposible, no lo es.

En 2010, Kobayashi se metió en una disputa contractual con los organizadores del evento de Coney Island —afirmaba que ellos limitaban su capacidad de competir en otros lugares— y no estuvo entre los participantes. Pero asistió de todos modos y, con la excitación, saltó al escenario. Enseguida fue esposado y detenido. Fue un acto inusualmente audaz para un hombre tan disciplinado. Esa noche, en el calabozo le dieron un sándwich y leche. «Estoy hambriento —dijo—. Ojalá hubiera *hot dogs* en la cárcel.»[12]

¿El éxito de Takeru Kobayashi, con todo lo espléndido que fue, podía aplicarse a algo más significativo que el consumo de *hot dogs* a toda velocidad? Creemos que sí.

Si piensas como un freak, hay al menos dos lecciones más amplias que pueden extraerse de este enfoque.

La primera es sobre la resolución de problemas en general. Kobayashi redefinió el problema que estaba tratando de resolver. ¿Qué pregunta se planteaban sus competidores? Básicamente: ¿de qué manera puedo comer más *hot dogs*? Kobayashi abordó una pregunta diferente: ¿cómo hago para que los *hot dogs* sean más fáciles de comer? Esta pregunta lo llevó a experimentar y recopilar el *feedback* que cambió el juego. Solo redefiniendo el problema pudo descubrir nuevas soluciones.

Kobayashi llegó a ver los concursos de comer como una actividad fundamentalmente diferente del hecho de comer cada día. Lo vio como un deporte —un deporte desagradable, quizás, al menos para la mayoría de la gente—, y, como cualquier deporte, requería entrenamiento específico, estrategia y maniobras físicas y mentales. Considerar un concurso de comer como una versión ampliada de comer cada día era, para él, como considerar un maratón una versión amplificada de caminar por la calle. Claro está, la mayoría caminamos bastante bien, incluso un rato largo si es necesario. Pero completar un maratón es un poco más complicado que eso.

Por supuesto, es más fácil redefinir un problema como comer de manera competitiva que, pongamos, un sistema educativo fracasado o la pobreza endémica, pero incluso con cuestiones complejas como estas, valorar la raíz del problema con la astucia que utilizó Kobayashi con el suyo sería un buen inicio.

La segunda lección a extraer del éxito de Kobayashi tiene que ver con los límites que aceptamos o rechazamos.

Durante la cena de esa noche en el Cafe Luxembourg, Kobayashi dijo que cuando empezó a entrenar se negó a reconocer la legitimidad del récord existente de Coney Island, 25 1/8 HDB. ¿Por qué? Razonó que ese récord no significaba mucho, porque sus anteriores competidores se habían enfrascado en la pregunta equivocada respecto a comer *hot dogs*. Según él lo veía, ese récord era una barrera artificial.

Así que participó en el concurso sin pensar en el 25 1/8 como un límite a superar. Instruyó a su mente para que no prestara atención al número de perritos que estaba comiendo y se concentrara solo en comerlos. ¿También habría ganado ese primer concurso si hubiera estado mentalmente pendiente de la barrera de los 25 1/8? Quizá, pero cuesta imaginar que hubiera doblado el récord.

En experimentos recientes, los científicos han descubierto que incluso los atletas de elite pueden mejorar mintiéndoles.[13] En un experimento, pidieron a unos ciclistas que pedalearan en una bicicleta en rodillos a máxima velocidad durante el equivalente a cuatro kilómetros. Después repitieron la tarea mientras observaban un avatar de ellos pedaleando en la misma prueba. Lo que los ciclistas no sabían era que los investigadores habían aumentado la velocidad del avatar. Sin embargo, los ciclistas lograron mantener el ritmo de sus avatares, sobrepasando lo que creían que era su velocidad máxima. «El órgano crítico no es el corazón ni los pulmones, sino el cerebro», dijo el estimado neurólogo Roger Bannister, más conocido como el primer humano en correr la milla en menos de cuatro minutos.

Todos nos enfrentamos a barreras —físicas, económicas, temporales— cada día. Algunas son incuestionablemente reales, pero otras son artificiales; expectativas sobre lo bien que puede funcionar un sistema dado o cuánto cambio es demasiado cambio, o qué clase de conductas son aceptables. La siguiente vez que encuentres una barrera así, impuesta por gente que carece de tu imaginación, impulso y creatividad, piensa en no hacer caso de ella. Resolver un problema ya es bastante difícil, y se hace mucho más difícil si decides de antemano que es irresoluble.

Si dudas del poder adverso de límites artificiales, he aquí un test simple. Digamos que te has abandonado un poco y quieres recuperar la plena forma. Decides que harás unas flexiones. ¿Cuántas? «Bueno, he pasado un tiempo sin hacer nada —te dices—, empezaré por 10.» ¿Cuándo empiezas a estar mental y físicamente cansado? Probablemente alrededor de la flexión 7 u 8.

Imagina ahora que hubieras decidido hacer 20 flexiones en lugar de 10. ¿Cuándo empezarías a cansarte esta vez? Adelante, al suelo e inténtalo. Probablemente pasarías de 10 antes de recordar tu baja forma.

Fue al negarse a aceptar el récord preexistente cuando Kobayashi superó como si nada la cifra de 25 ese primer año. En Coney Island, a cada participante le asignaban una *bunnette*, una joven que sostenía en alto un cartel para mostrar al público el avance de cada participante. Ese año, los carteles no alcanzaron. La *bunnette* de Kobi tuvo que levantar hojas de papel con números garabateados a toda prisa. Cuando terminó, un periodista de la televisión japonesa le preguntó cómo se sentía.

—Puedo continuar —dijo Kobi.[14]

4

Como un mal tinte, la verdad está en las raíces

Hace falta un pensador verdaderamente original para examinar un problema que todos los demás ya han examinado y encontrar una nueva vía de abordarlo.

¿Por qué esto es tan raro? Quizá porque la mayoría de nosotros, cuando intentamos resolver un problema, gravitamos hacia la causa más cercana y más obvia. Es difícil decir si la causa es una conducta aprendida o si se remonta a nuestro pasado remoto.

En los tiempos de los cavernícolas, saber si las bayas de un arbusto eran comestibles era una cuestión de vida o muerte. La causa evidente era normalmente la que importaba. Incluso hoy, la causa más evidente con frecuencia tiene perfecto sentido. Si tu hijo de tres años está llorando y el de cinco está al lado con una sonrisa maliciosa y un martillo de plástico, no es descabellado suponer que el martillo ha tenido algo que ver con el llanto.

Sin embargo, los grandes problemas que preocupan a la sociedad —crimen, enfermedad y disfunción política, por ejemplo— son más complicados que eso. Las raíces de sus causas con frecuencia no son tan evidentes o aceptables. Así pues, en lugar de buscar las raíces de esas causas, con frecuencia gastamos miles de millones de dólares tratando los síntomas y solo nos queda lamentarnos cuando el problema permanece. Pensar como un freak significa que deberías trabajar con ahínco para identificar y abordar la causa-raíz de los problemas.

Por supuesto, esto es más fácil de decir que de hacer. Piensa en la pobreza y el hambre: ¿qué los causa? Una respuesta simplista es la falta de dinero y comida. Así que en teoría puedes luchar contra la pobreza y el hambre enviando enormes cantidades de dinero y comida a lugares pobres y hambrientos.

Esto es más o menos lo que los gobiernos y organizaciones humanitarias han estado haciendo durante muchos años. Así pues, ¿por qué persisten los mismos problemas en los mismos lugares?

Porque la pobreza es un síntoma. ¿De qué? De la ausencia de una economía viable basada en instituciones políticas, sociales y jurídicas creíbles. Es difícil arreglarlo incluso con aviones cargados de dinero. De manera similar, la falta de comida por lo general no es la causa-raíz del hambre. «La inanición se caracteriza por que algunas personas no tienen suficiente alimento —escribió el economista Amartya Sen en su libro señero *Poverty and Famines*—. No se caracteriza por que no haya suficiente alimento.»[1] En países cuyas instituciones políticas y económicas están construidas para servir a los apetitos de un corrupto y no a la gente, la comida es automáticamente retirada de quienes más la necesitan. En Estados Unidos, entretanto, tiramos un alucinante 40 % de la comida que compramos.[2]

Acabar con la corrupción es más difícil que aerotransportar comida. Así pues, aunque llegues a la causa-raíz del problema, podrías quedarte en un punto muerto. Sin embargo, como veremos en este capítulo, las estrellas ocasionalmente se alinean y la recompensa es enorme.

En *Freakonomics* examinamos las causas del auge y caída del crimen violento en Estados Unidos.[3] En 1960, el crimen inició un repentino ascenso. En 1980, la tasa de homicidios se había doblado, alcanzando un pico histórico. Durante varios años el crimen permaneció peligrosamente alto, pero a principios de los años noventa empezó a caer y continuó cayendo.

Entonces ¿qué ocurrió?

Muchas explicaciones se presentaron, y en nuestro libro sometimos a varias de ellas a escrutinio empírico. Debajo hay dos conjuntos de posibles explicaciones. Un conjunto de explicaciones tuvo un fuerte impacto en reducir el crimen y el otro no. ¿Puedes adivinar cuál es cuál?

A	B
Leyes de armas más rígidas	Más agentes de policía
Una economía creciente	Más gente enviada a prisión
Más penas capitales	El declive del mercado del *crack* y la cocaína

Cada conjunto es bastante convincente, ¿no? De hecho, hasta que te arremangas y desmenuzas algunos datos, es virtualmente imposible conocer la respuesta correcta.

Entonces ¿qué dicen los datos?

Los factores A, por lógicos que puedan parecer, no contribuyeron al descenso del crimen. Quizás esto te sorprenda. ¿Los asesinatos con armas han bajado? Bueno, supones, eso debe de ser consecuencia de las nuevas leyes relacionadas con las armas, hasta que examinas los datos y descubres que a la mayoría de la gente que comete crímenes con armas casi no les afectan las actuales leyes de armas.

Podrías también pensar que el florecimiento de la economía en la década de 1990 habría ayudado, pero los datos históricos muestran que hay una relación sorprendentemente débil entre ciclos económicos y crimen violento. De hecho, cuando se inició la gran recesión en 2007, un coro de expertos advirtió que nuestra larga y encantadora tregua del crimen violento había terminado. Pero no. Entre 2007 y 2010, los peores años de la recesión, el homicidio cayó un 16 % adicional. La tasa de homicidio es, por inverosímil que parezca, más baja que en 1960.[4]

En cambio, los factores B —más policías, más gente en prisión y un mercado del *crack* que se derrumba— contribuyeron al descenso del crimen. Pero una vez que contamos el impacto acumulativo de estos factores, siguen sin poder dar cuenta de toda la caída del crimen. Tenía que haber algo más.

Echemos una mirada más atenta a los factores B. ¿Se dirigen a las raíces causales del crimen? En realidad, no. Podrían ser llamados de manera más rigurosa «factores de tiempo presente». Claro, contratar más policías y enviar más gente a prisión podría reducir el suministro a corto plazo de criminales, pero ¿qué ocurre con el largo plazo?

En *Freakonomics* identificamos un factor que faltaba:

la legalización del aborto a principios de los setenta.[5] La teoría era desgarradoramente simple. Un aumento de abortos significaba menos niños no deseados, lo cual significaba menos niños creciendo en circunstancias difíciles que incrementan la probabilidad de criminalidad.

Dada la historia del aborto en Estados Unidos —hay pocas cuestiones tan frágiles desde un punto de vista moral y político—, esta teoría estaba destinada a resultar desconcertante tanto para los contrarios al aborto como para quienes lo apoyan. Nos preparamos para una batalla de gritos.

Curiosamente, nuestro argumento no generó muchos mensajes de correo ofensivos. ¿Por qué? Nuestra mejor conjetura fue que los lectores eran lo bastante listos para comprender que habíamos identificado el aborto como un mecanismo que explica la caída del crimen pero no es su causa-raíz real. Entonces ¿cuál es la causa-raíz? Simplemente esto: demasiados niños estaban siendo educados en malos ambientes que los llevaban al crimen. Cuando la primera generación postaborto se hizo adulta había menos jóvenes educados en tales ambientes.

Puede resultar desconcertante, incluso terrorífico, mirar directamente una causa-raíz. Quizá por eso lo evitamos tantas veces. Es más fácil discutir sobre policías, prisiones y legislación sobre armas que sobre la cuestión espinosa de lo que hace que un padre sea apto para educar un hijo. Ahora bien, si quieres tener una conversación que merezca la pena sobre el crimen, tiene sentido empezar por hablar de los beneficios de padres buenos y amorosos que dan a sus hijos una oportunidad de llevar vidas seguras y productivas.

Puede que no sea una conversación simple, pero cuando estás tratando con las causas-raíces, al menos sabes que estás combatiendo el problema real y no solo boxeando con sombras.

Podría parecer desalentador remontarse una generación o dos para comprender la causa-raíz de un problema. Sin embargo, en algunos casos, una generación es apenas un abrir y cerrar de ojos.

Supongamos que eres un obrero alemán.[6] Estás sentado en una cervecería con amigos después de un turno, desmoralizado por tu situación económica. La economía nacional va a toda velocidad, pero tienes la sensación de que tú y todos los de tu ciudad estáis corriendo sobre una cinta, sin moveros del sitio. Entretanto, a la gente que vive a solo unos kilómetros le va considerablemente mejor. ¿Por qué?

Para descubrirlo, debemos viajar hasta el siglo XVI. En 1517, un consternado joven sacerdote alemán llamado Martín Lutero elaboró una lista de noventa y cinco tesis contra la Iglesia católica de Roma. Una práctica que le resultaba particularmente odiosa era la venta de indulgencias, esto es, la práctica de la Iglesia de recaudar dinero perdonando los pecados a los grandes donantes. (Sin duda, hoy Lutero se manifestaría contra el tratamiento fiscal del que gozan los fondos de cobertura y el capital de inversión.)

El audaz movimiento de Lutero propulsó la Reforma protestante. Alemania en ese momento estaba formada por más de mil territorios independientes, cada uno gobernado por su propio príncipe o duque. Algunos de estos hombres siguieron a Lutero y abrazaron el protestantismo; otros permanecieron fieles a la Iglesia. El cisma se desarrollaría durante décadas en toda Europa, a menudo con inmensos baños de sangre. En 1555 se alcanzó un acuerdo temporal, la Paz de Augsburgo, que permitía que cada príncipe alemán eligiera libremente la religión que se practicaba en su territorio. Además, si una familia católica vivía en un territorio cuyo príncipe elegía el protestantismo, la Paz permitía emigrar libremente a una zona católica, y viceversa.

Así pues, Alemania se convirtió en un *patchwork* religioso. El catolicismo siguió siendo popular en el sureste y el noroeste mientras que el protestantismo despegó en las regiones central y noreste; en otras áreas las dos religiones se mezclaban.

Demos un salto de unos 460 años hasta la actualidad. Un joven economista llamado Jörg Spenkuch descubrió que si extendía un mapa de la Alemania moderna sobre un mapa de la Alemania del siglo XVI, veía que el *patchwork* religioso permanecía casi intacto. Las viejas zonas protestantes siguen siendo en gran medida protestantes y las viejas zonas católicas son todavía básicamente católicas (salvo en la antigua Alemania del Este, donde el ateísmo creció mucho durante el período comunista). Las decisiones tomadas por los príncipes hace siglos siguen en pie.

Quizá no sea tan sorprendente. Alemania, al fin y al cabo, es una nación macerada en tradición. Pero Spenkuch, mientras jugaba con esos mapas, encontró algo que le sorprendió. El *patchwork* religioso de la Alemania moderna también se solapaba con un interesante *patchwork* económico: la gente que vivía en zonas protestantes ganaba más dinero que la que habitaba en zonas católicas. No mucho más —en torno al 1 %—, pero la diferencia era clara. Si el príncipe de tu zona se había alineado con los católicos, seguramente hoy en día eres más pobre que si hubiera seguido a Lutero.

¿Cómo explicar este *patchwork* de ingresos? Por supuesto, podría haber razones del presente. Quizá quienes gozaban de ingresos superiores tuvieron más educación o mejores matrimonios o vivían más cerca de trabajos de alta remuneración, que se localizan en las grandes ciudades.

Sin embargo, Spenkuch analizó los datos relevantes y descubrió que ninguno de estos factores podía explicar la brecha en los ingresos. Solo un factor podía hacerlo: la religión. Concluyó que la gente de las zonas protestantes gana más dinero que la gente de las zonas católicas simplemente ¡porque son protestantes!

¿Por qué? ¿Cabía culpar a alguna clase de amiguismo religioso en el que los jefes protestantes daban mejores empleos a trabajadores protestantes? Aparentemente, no. De hecho, los datos mostraban que los protestantes no tenían sueldos por hora superiores a los de los católicos, y aun así se las arreglaban para tener ingresos superiores en total. Entonces, ¿cómo explica Spenkuch la diferencia de ingresos entre protestantes y católicos?

Identificó tres factores:

1. Los protestantes tienden a trabajar más horas por semana que los católicos.
2. Los protestantes tienen más porcentaje de autoempleo que los católicos.
3. El porcentaje de mujeres protestantes que trabajan a jornada completa es mayor que el de las católicas.

Parece que Jörg Spenkuch encontró una prueba viviente de la ética del trabajo protestante. Esa fue la teoría planteada a principios del siglo XX por el sociólogo alemán Max Weber, que argumentó que el capitalismo despegó en Europa en parte porque los protestantes aceptaron la noción terrenal del trabajo duro como parte de su misión divina.

Ahora bien, ¿qué significa todo esto para el obrero alemán descontento que ahoga sus penas en la cervecería? Por desgracia, no mucho. Para él, probablemente es demasiado tarde a menos que quiera reorganizar su vida y empezar a trabajar con más tesón. Pero al menos puede hacer que sus hijos sigan el ejemplo de los laboriosos protestantes de ciudades vecinas.*

Una vez que empiezas a mirar el mundo a través de una lente de aumento, descubres muchos ejemplos de conductas contemporáneas impulsadas por causas cuya raíz hay que buscarla en siglos pasados.

¿Por qué, por ejemplo, algunas ciudades italianas son más propensas que otras a participar en programas cívicos y filantrópicos?[8] Porque, como argumentan algunos investigadores, durante la Edad Media estas ciudades eran ciudades-estado libres y no poblaciones gobernadas por caciques normandos. Una historia tan independiente aparentemente fomenta una confianza perdurable en las instituciones cívicas.

En África, algunos países que recuperaron la independencia de sus imperios coloniales han experimentado guerras brutales y una corrupción desbocada; otros no. ¿Por qué? Un par de académicos encontraron una respuesta que se remonta muchos años atrás. Cuando las potencias europeas empezaron su loca «escalada por África»[9] en el siglo XIX, repartieron territorios existentes mirando

* No obstante, en defensa del catolicismo alemán, un nuevo proyecto de investigación de Spenkuch sostiene que el voto protestante por los nazis dobló al voto católico.[7]

los mapas desde lejos. Al crear nuevas fronteras, consideraron dos criterios esenciales: masa de tierra y agua. Los africanos reales que vivían en esos territorios no constituían una preocupación fundamental para los colonialistas, porque para ellos un africano se parecía mucho a otro africano.

Este método podría tener sentido si estás cortando una tarta de cerezas. Pero un continente es más problemático. Las nuevas fronteras coloniales con frecuencia dividían grupos étnicos grandes y en armonía. De repente, algunos miembros del grupo se convirtieron en residentes de un nuevo país; otros, de un segundo país (a menudo junto con miembros de un grupo étnico diferente, con el cual el primer grupo no había mantenido una relación tan armoniosa). El gobierno colonial tendió a aplastar los conflictos étnicos, pero cuando los europeos regresaron finalmente a Europa, los países africanos donde se habían mezclado artificialmente grupos étnicos hostiles tenían muchas más posibilidades de entrar en guerra.

Del mismo modo, las cicatrices del colonialismo todavía acosan América del Sur.[10] Los conquistadores españoles que encontraron plata y oro en Perú, Bolivia y Colombia esclavizaron a los indígenas para que trabajaran en las minas. ¿Qué clase de efecto a largo plazo tuvo esto? Como han descubierto varios economistas, las poblaciones de esas zonas mineras son al día de hoy más pobres que sus vecinos, y sus hijos tienen menos probabilidades de ser vacunados o gozar de una educación.

Existe otro caso —extraño, a buen seguro— en el cual el largo brazo de la esclavitud se extiende por la historia:[11] Roland Fryer, economista de Harvard, está empeñado en cerrar la brecha entre negros y blancos en la educación, ingresos y salud. No hace mucho, empezó a estudiar por qué los blancos viven varios años más que los negros. Una cosa está clara: la enfermedad cardíaca, históricamente la mayor causa de muerte para blancos y negros, es mucho más común entre los negros. Pero ¿por qué?

Fryer desmenuzó toda clase de cifras, y descubrió que ninguno de los desencadenantes obvios —dieta, tabaco, incluso la pobreza— podían explicar por completo la brecha.

Entonces encontró algo que podría hacerlo. Fryer descubrió una vieja ilustración titulada «Un inglés prueba el sudor de un africano».[12] Mostraba a un traficante de esclavos lamiendo el rostro de un esclavo.

Cortesía de la Biblioteca John Carter Brown de la Universidad Brown

¿Por qué haría eso?

Una posibilidad era que de alguna manera estuviera seleccionando esclavos enfermos para que no contagiaran al resto de su cargamento. Fryer se preguntó si el negrero tal vez estaba probando cuán «salados» eran los esclavos. Al fin y al cabo, el sudor sabe a sal. En ese caso, ¿por qué? ¿Y esta respuesta podría aclarar la cuestión más amplia que estaba estudiando Fryer?

La travesía oceánica de un esclavo de África a América era larga y espantosa; muchos morían en ruta. La deshidratación era una causa fundamental. ¿Quién, se preguntó Fryer, tiene menos posibilidades de sufrir deshidratación? Alguien con un alto grado de sensibilidad a la sal. Esto es, si eres capaz de retener más sal, también retendrás más agua, por lo que tus posibilidades de morir durante la travesía del Atlántico se reducen. Así que quizás el negrero de la ilustración estaba buscando a los esclavos más salados para, de ese modo, garantizar su inversión.

Fryer, que es negro, mencionó esta teoría a un colega de Harvard, David Cutler, un destacado economista de la sanidad que es blanco. Cutler al principio pensó que era «absolutamente descabellado», pero después de un análisis más profundo le encontró sentido. De hecho, una investigación médica anterior había hecho una afirmación similar, aunque existía una disputa considerable al respecto.

Fryer empezó a encajar las piezas. «Se podría pensar que cualquiera que sobreviviese a un viaje de estas características estaría muy sano, y por lo tanto tendría una mayor esperanza de vida —dice—. Pero en realidad este peculiar mecanismo de selección dice que puedes sobrevivir a una dura prueba, como la travesía del Atlántico, pero es fatal para la hipertensión y enfermedades relacionadas. Y la sensibilidad a la sal es una característica altamente hereditaria, lo cual significa que tus descendientes, es decir, los estadounidenses negros, tienen muchas posibilidades de ser hipertensos o padecer enfermedades cardio-vasculares.»

Fryer buscó más pruebas que pudieran respaldar su teoría. Los estadounidenses negros tienen alrededor de un 50 % más de probabilidades de sufrir hipertensión que los blancos. Una vez más, podría deberse a diferencias como la dieta y los ingresos. Así pues, ¿cuáles son los índices de hipertensión de otras poblaciones negras? Fryer descubrió que entre los negros del Caribe —otra población llegada de África como esclavos— tales índices también eran elevados.

En cambio, reparó en que los negros que todavía viven en África son estadísticamente indistinguibles de los blancos de América. Las pruebas no son concluyentes, pero Fryer estaba convencido de que el mecanismo de selección utilizado en el tráfico de esclavos podía ser una causa-raíz duradera del elevado índice de mortalidad de los afroamericanos.

Como puedes suponer, la teoría de Fryer no es demasiado popular. A mucha gente le incomoda hablar de cosas relacionadas con la diferencia genética racial. «La gente me envía mensajes de correo que dicen: "¿No puedes ver la pendiente resbaladiza? ¿No ves los peligros de este argumento?"»

Una nueva investigación médica podría demostrar que la teoría de sensibilidad a la sal no es ni siquiera correcta. Pero si lo es, aunque sea en una medida reducida, los beneficios potenciales son enormes. «Hay algo que se puede hacer —dice Fryer—. Un diurético que ayuda a tu cuerpo a desembarazarte de las sales. Una sencilla pastillita.»

Podrías pensar que la medicina, basada en la ciencia y la lógica, es un campo en el cual las causas-raíz siempre son bien comprendidas.

Pues te equivocarías. El cuerpo humano es un sistema dinámico complejo del cual todavía se desconocen muchas cosas. En una fecha tan reciente como 1997, el historiador de la medicina Roy Porter lo expresó así: «Vivimos en una era de ciencia, pero la ciencia no ha eliminado las fantasías sobre la salud; los estigmas de la enfermedad, los significados morales de la medicina continúan.»[13] Como resultado, se resta importancia a las corazonadas mientras que la sabiduría convencional florece incluso donde no hay datos que la respalden.

Consideremos la úlcera.[14] Se trata básicamente de un agujero en el estómago o en el intestino delgado que produce un dolor creciente y desgarrador. A principios de los años ochenta, las causas de una úlcera se dieron por definitivamente conocidas: eran heredadas o causadas por tensión psicológica y comida especiada, causas ambas que podían producir una sobreproducción de ácidos gástricos. Para cualquiera que haya comido alguna vez unos cuantos jalapeños, esto parece convincente. Y como cualquier médico podría atestiguar, un paciente con una úlcera sangrante suele estar tenso. (Un médico podría señalar con la misma facilidad que las víctimas de disparos tienden a sangrar mucho, pero eso no significa que la sangre haya causado los disparos.)

Como las causas de las úlceras eran conocidas, también lo era el tratamiento. A los pacientes se les aconsejaba relajarse (para reducir el estrés), tomar leche (para aliviar el estómago) y una pastilla de Zantac o Tagamet (para bloquear la producción de ácido gástrico).

¿Qué tal funcionaba esto?

Por decirlo de manera caritativa, más o menos. El tratamiento ayudaba a controlar el dolor, pero la enfermedad no se curaba. Y una úlcera es más que una molestia dolorosa. Puede fácilmente resultar fatal debido a una peritonitis (causada por un agujero en la pared estomacal) o complicar una hemorragia. Algunas úlceras requerían cirugía mayor, con todas las complicaciones que comporta.

Aunque a los pacientes de úlceras no les iba tan bien con el tratamiento estándar, a la comunidad médica sí le iba bien. Millones de pacientes requerían los servicios de gastroenterólogos y cirujanos, mientras que las compañías farmacéuticas se enriquecieron: los antiácidos Tagamet y Zantac (cimetidina y ranitidina) fueron los primeros fármacos superventas, proporcionando más de mil millones de dólares al año.[15] En 1994, el mercado global de la úlcera valía más de ocho mil millones de dólares.

En el pasado, algún investigador médico podría haber sugerido que las úlceras y otras dolencias estomacales, incluido el cáncer, tenían una causa-raíz diferente, quizás incluso bacteriana.[16] Sin embargo, el *establishment* médico no tardó en señalar el fallo deslumbrante en esta teoría: ¿cómo podían las bacterias sobrevivir en el caldero acídico del estómago?

Y, por tanto, el gigante del tratamiento de la úlcera siguió arrollando. No había un gran incentivo en encontrar una cura, al menos no por parte de la gente cuyas carreras dependían del tratamiento de las úlceras.

Por fortuna, el mundo es más diverso que eso. En 1981, un joven médico australiano llamado Barry Marshall andaba a la caza de un proyecto de investigación. Acababa de empezar una rotación en la unidad de gastroenterología en el Royal Perth Hospital, donde un patólogo veterano había dado con un misterio. Como describió posteriormente Marshall: «Tenemos veinte pacientes con bacterias en el estómago, donde no debería haber bacterias vivas porque hay demasiado ácido.» El doctor veterano, Robin Warren, estaba buscando un joven investigador para que le ayudara a «descubrir qué pasaba con esas personas».

Las bacterias serpenteantes parecían de la especie *Campylobacter*, que puede causar infección en personas que manipulan pollos. ¿Esas bacterias humanas eran de hecho *Campylobacter*? ¿Qué clase de enfermedades podrían provocar? ¿Y por qué estaban tan concentradas en pacientes con problemas gástricos?

Resultó que Barry Marshall ya estaba familiarizado con la *Campylobacter*, porque su padre había trabajado como ingeniero de refrigeración en una planta de procesamiento de pollo. La madre de Marshall, por su parte, era enfermera. «Teníamos muchas discusiones sobre lo que era realmente cierto en medicina —le dijo a un entrevistador, el periodista médico Norman Swan—. Ella "sabía" cosas porque eran folclore, y yo decía: "Eso está pasado de moda. De hecho, no tiene ninguna base." "Sí, pero la gente lleva haciéndolo cientos de años, Barry."»

Marshall estaba entusiasmado por el misterio que heredó. Usando muestras de los pacientes del doctor Warren, trató de cultivar las bacterias serpenteantes en el laboratorio. Fracasó durante meses. Pero después de un accidente —el cultivo se quedó en la incubadora tres días más de lo indicado— finalmente crecieron. No era *Campylobacter*, sino una bacteria desconocida hasta entonces y que denominó *Helicobacter pylori*.

«Después la encontramos en numerosas personas —recuerda Marshall—. Aprendimos cómo vivían en el estómago y qué antibióticos las mataban. Podíamos hacer toda clase de experimentos útiles... No estábamos buscando la causa de las úlceras. Queríamos descubrir qué eran estas bacterias, y pensamos que sería divertido conseguir un pequeño reconocimiento.»

Marshall y Warren continuaron buscando estas bacterias en nuevos pacientes con problemas estomacales. Pronto hicieron un hallazgo significativo: de trece pacientes con úlceras, los trece tenían también aquellas bacterias. ¿Era posible que la *H. pylori*, más que aparecer en estos pacientes, fuera la causa de las úlceras?

De vuelta en el laboratorio, Marshall infectó algunas ratas y cerdos con *H. pylori* para ver si desarrollaban úlceras. No lo hicieron. «Así pues, me dije que debía probarlo en un humano.» El humano, decidió, sería él mismo. También decidió no contárselo a nadie, ni siquiera a su mujer ni a Robin Warren. Primero se hizo una biopsia de su estómago para asegurarse de que no tenía ya *H. pylori*. No la tenía. Entonces se tragó unas bacterias que había cultivado de un paciente. En la mente de Marshall había dos posibilidades:

1. Desarrollaría una úlcera. «Y entonces, aleluya, quedaría demostrado.»
2. No desarrollaría una úlcera. «Si no ocurría nada, mis dos años de investigación hasta ese punto se habrían desperdiciado.»

Barry Marshall era probablemente la primera persona en la historia que deseaba tener una úlcera. Supuso que los síntomas tardarían años en aparecer. Sin embargo, solo cinco días después de tragarse la *H. pylori* empezó a tener ataques de vómito. ¡Aleluya! Después de diez días le hicieron otra biopsia de estómago «y las bacterias estaban por todas partes». Marshall ya tenía gastritis y aparentemente iba en camino de tener una úlcera. Tomó el antibiótico para acabar con la bacteria. La investigación de Marshall y Warren había demostrado que la *H. pylori* era la verdadera causa de las úlceras, y, como mostraría la investigación posterior, también del cáncer de estómago. Era un avance asombroso.

Desde luego, había muchas pruebas por delante y un fuerte rechazo de la comunidad médica. Marshall fue ridiculizado y desdeñado. ¿Vamos a creer seriamente que un australiano chiflado ha descubierto la causa de las úlceras tragándose unas bacterias que dice haber descubierto él mismo? Ninguna industria de ocho mil millones de dólares está feliz cuando se ataca su razón de ser. ¡Menuda indigestión! Una úlcera, en lugar de requerir una vida de visitas al médico, Zantac y quizá cirugía, podría eliminarse con un antibiótico barato.

Pasaron años antes de que se asentara la prueba de la úlcera, porque la sabiduría convencional se resiste a desaparecer. Incluso hoy, mucha gente sigue creyendo que las úlceras las causa el estrés o las comidas especiadas.[17] Por fortuna, los médicos saben que no es así. La comunidad médica reconoció por fin que, mientras que los demás simplemente trataban los síntomas de una úlcera, Barry Marshall y Robin Warren habían descubierto su causa-raíz. En 2005 les concedieron el Premio Nobel.

El descubrimiento de la causa de la úlcera, por asombroso que fuera, constituye solo un pequeño paso en una revolución que solo está empezando a desarrollarse, una revolución destinada a encontrar la raíz de la enfermedad y no a dar manotazos a los síntomas.

Resulta que la *H. pylori* no es una bacteria similar a un lobo solitario que logra superar el sistema inmunitario e invadir el estómago. En años recientes, científicos emprendedores —ayudados por ordenadores más potentes que facilitan la secuenciación del ADN— han descubierto que el intestino humano acoge miles de especies de microbios. Algunos son buenos, y muchos todavía han de revelar su naturaleza.

¿Cuántos microbios alojamos cada uno de nosotros? Según un cálculo, el cuerpo humano contiene diez veces más células de microbios que células humanas, lo cual sitúa la cifra fácilmente en cientos o miles de billones. Esta «nube de microbios», como la denomina el biólogo Jonathan Eisen, es tan enorme que algunos científicos la consideran el órgano más grande del cuerpo humano. Y en su seno podría hallarse la causa de la salud o la enfermedad humana.

En laboratorios de todo el mundo, los investigadores han comenzado a explorar si los ingredientes de este caldo microbiano en expansión —la mayor parte del cual es hereditario— podrían ser responsables de enfermedades como el cáncer, la esclerosis múltiple, la diabetes e incluso la obesidad y la enfermedad mental. Quizá parezca absurdo pensar que una enfermedad dada, que ha acechado a la humanidad durante milenios, podría estar causada por el mal funcionamiento de un microbio que ha estado nadando tan contento en nuestros intestinos todo el tiempo. Igual que a todos los médicos de las úlceras y ejecutivos farmacéuticos les parecía absurdo que Barry Marshall supiera de qué estaba hablando.

A buen seguro, estamos ante los inicios de la exploración microbiana. El intestino es todavía una frontera; piensa en el lecho oceánico o en la superficie de Marte. Ahora bien, la investigación ya está dando resultados. Algunos médicos han tratado con éxito a pacientes que sufren de enfermedades intestinales mediante una transfusión de bacterias intestinales benéficas.

¿De dónde salen esas bacterias benéficas y cómo se introducen en el intestino del enfermo? Antes de continuar, dos notas de advertencia:

1. Si estás comiendo mientras lees esto, será mejor que hagas una pausa.
2. Si estás leyendo este libro muchos años después de su publicación (suponiendo que siga habiendo gente y que todavía lea libros), el método descrito a continuación podría parecer bárbaramente primitivo. De hecho, esperamos que sea el caso, porque significaría que el tratamiento se ha revelado valioso y que los métodos de aplicación han mejorado.

Muy bien, así que una persona enferma necesita una transfusión de bacterias intestinales benéficas. ¿Cuál es una fuente viable?

Doctores como Thomas Borody, gastroenterólogo australiano que se inspiró en la investigación sobre la úlcera de Barry Marshall, han identificado una respuesta: las heces humanas.[18] Sí, parece que los excrementos ricos en microbios de una persona sana podrían ser la medicina ideal para un paciente cuya flora bacteriana esté infectada, dañada o incompleta. La materia fecal se obtiene de un «donante» y se incorpora en una mezcla salina que, según un gastroenterólogo holandés, parece leche con chocolate.[19] La mezcla luego se introduce, normalmente mediante un enema, en el intestino del paciente. En los últimos años, los médicos han descubierto que los trasplantes fecales son eficaces para eliminar infecciones intestinales que los antibióticos no pueden derrotar. En un pequeño estudio, Borody afirma que ha usado trasplantes fecales para curar de manera eficaz a gente que estaba sufriendo de colitis ulcerativa; la cual, dice, era «una enfermedad previamente incurable».[20]

Además, Borody ha ido más allá de las enfermedades intestinales. Asegura haber usado con éxito trasplantes fecales para tratar a pacientes con esclerosis múltiple y Parkinson. Borody tiene la cautela de decir que se necesita mucha más investigación, pero de hecho la lista de dolencias que podrían tener una causa-raíz que habita en el intestino humano es casi interminable.

Para Borody y un pequeño grupo de colegas que creen en «el poder de la caca», estamos en el umbral de una nueva era en la medicina. Borody ve los beneficios de la terapia fecal como un «equivalente al descubrimiento de los antibióticos». Pero antes hay que superar mucho escepticismo.

«Bueno, el *feedback* es muy parecido al de Barry Marshall —dice Borody—. Yo estuve inicialmente en el ostracismo. Incluso ahora mis colegas evitan hablar de esto o reunirse conmigo en conferencias. Aunque esto está cambiando. Acabo de tener una serie de invitaciones para hablar en conferencias nacionales e internacionales sobre trasplante fecal. Pero la aversión siempre está presente. Sería más bonito si se nos ocurriera un nombre para la terapia que no sonara tan mal.»

Desde luego, cabe imaginar muchos pacientes desanimados por las palabras «trasplante fecal» o, como lo llaman los investigadores en sus trabajos, «trasplante fecal microbiota». La jerga que usan algunos médicos («intercambio de mierda») es aun peor. Pero Borody, después de años de llevar a cabo este procedimiento, cree que finalmente se le ha ocurrido un nombre menos repulsivo.

«Sí —dice—, ahora lo llamamos *transpoosión*.»*

---

* Palabras entre *transfusion* [transfusión] y *poo* [caca]. *(N. del T.)*

5

Piensa como un niño

A estas alturas puedes estar preguntándote: ¿habláis en serio? ¿El poder de la caca? ¿Un tipo que se traga un vaso lleno de bacterias peligrosas, y, antes que eso, un tipo que en doce minutos devora los *hot dogs* que se comen en todo un año? ¿Qué infantilada es esto? ¿«Pensar como un freak» es una forma de decir «pensar como un niño»?

Bueno, no del todo. Pero cuando se trata de generar ideas y plantear preguntas, puede resultar muy fructífero tener la mentalidad de un niño de ocho años.

Considera la clase de preguntas que plantean los niños. Claro, pueden ser tontas, simplistas o descabelladas. Pero los niños también son infatigablemente curiosos y bastante imparciales. Como saben muy poco, no llevan consigo las ideas preconcebidas que con frecuencia impiden que la gente vea las cosas como son. Cuando se trata de resolver problemas, es una gran ventaja. Las ideas preconcebidas nos llevan a descartar muchas soluciones posibles simplemente porque nos parecen insólitas o repugnantes, porque desafían el sentido común o nunca se han intentado, porque no parecen lo bastante sofisticadas.* Pero recuerda: fue un niño el que por fin señaló que el vestido nuevo del emperador no existía y el emperador iba desnudo.

Los niños no temen compartir sus ideas más descabelladas. Siempre y cuando sepas ver la diferencia entre una idea buena y una mala, generar un cargamento de ideas, incluidas las más extravagantes, solo puede ser bueno. Cuando se trata de generar ideas, el concepto económico de «libre disponibilidad» es clave. ¿Se te ocurre una idea terrible? No hay problema, solo no actúes basándote en ella.

Por supuesto, separar las buenas ideas de las malas no es fácil. (Un truco que a nosotros nos funciona es conceder un período de enfriamiento. Las ideas casi siempre parecen brillantes cuando se incuban, así que nunca actuamos sobre una nueva idea hasta que pasan al menos veinticuatro horas. Es sabido lo mal que huelen algunas ideas después de un día a la intemperie.) Al final, podrías descubrir que solo merece la pena llevar a cabo una idea de cada veinte; pero puede que nunca se te hubiera ocurrido de no haber estado dispuesto a soltar, como un niño, todo lo que te ha pasado por la cabeza.

Así que cuando se trata de resolver problemas, canalizar el niño que llevas dentro puede dar excelentes resultados. Todo empieza pensando en pequeño.

---

* Ni siquiera está claro que la sofisticación sea un objetivo encomiable. La palabra etimológicamente procede de los sofistas griegos, «profesores itinerantes de filosofía y retórica que no gozaban de buena reputación —escribe un estudioso— y estaban más preocupados por ganar discusiones que por alcanzar la verdad».[1]

Si conoces a alguien que se considera un líder de opinión o un intelectual, uno de los mejores cumplidos que puedes hacerle es llamarlo «gran pensador». Adelante, inténtalo y verás cómo se hincha de orgullo. Si lo hace, casi podemos garantizarte que no tiene interés en pensar como un freak.

Pensar como un freak significa pensar en pequeño, no en grande. ¿Por qué? Para empezar, personas mucho más listas que nosotros ya han reflexionado interminablemente sobre los grandes problemas. El hecho de que siga siendo un problema significa que es demasiado complicado para que se solucione del todo. Tales problemas son intratables, desesperadamente complejos, repletos de incentivos arraigados y desalineados. Claro, hay gente muy brillante que probablemente debería pensar en grande. Para el resto de nosotros, pensar en grande significa que pasarás mucho tiempo luchando contra molinos de viento.

Si bien pensar en pequeño no te hará ganar muchos puntos ante el típico gran pensador, hay al menos unos pocos notables defensores de nuestro enfoque. Sir Isaac Newton, por ejemplo. «Explicar toda la naturaleza es una tarea demasiado difícil para un hombre o incluso para una época —escribió—. Es mejor explicar un poco con certeza y dejar el resto a los que vendrán después, que explicar todas las cosas mediante conjeturas y sin asegurarse de nada.»[2]

Quizá nosotros dos seamos tendenciosos. Quizá creemos en el poder de pensar en pequeño solo porque somos muy malos pensando en grande. No hay ni un solo gran problema que hayamos estado cerca de resolver; solo mordisqueamos los márgenes. En todo caso, hemos llegado a la conclusión de que es mejor plantear preguntas pequeñas que grandes. Estas son unas pocas razones:

1. Las preguntas pequeñas por naturaleza se plantean e investigan con menos frecuencia o ninguna en absoluto. Son territorio virgen para aprender de verdad.

2. Como los grandes problemas son normalmente una masa densa de pequeños problemas entrelazados, puedes hacer más progresos ciñéndote a una pequeña parte del gran problema que buscando a tientas grandes soluciones.

3. Cualquier clase de cambio es difícil, pero las posibilidades de desencadenar el cambio en un problema pequeño son mayores que en uno grande.

4. Pensar en grande es, por definición, un ejercicio de imprecisión o incluso especulación. Cuando piensas en pequeño, podría haber menos en juego, pero al menos puedes estar relativamente seguro de saber de qué estás hablando.

En fin, todo esto suena genial en teoría, pero ¿funciona realmente?

Nos gustaría pensar que nuestra propia trayectoria dice que sí. Pese a que no hemos hecho mucho respecto al azote mundial de muertes por accidente de circulación, destacamos una categoría de conducta de alto riesgo que previamente se había pasado por alto: caminar borracho.[3] En lugar de abordar el problema enorme del desfalco, usamos los datos de un pequeño negocio de *bagels* a domicilio en Washington[4] para descubrir qué factores conducen a la gente a robar en el trabajo (mal tiempo y fiestas estresantes, por ejemplo). Pese a que no hemos hecho nada para resolver la tragedia de las muertes por arma de fuego, identificamos un riesgo todavía mayor para los niños: los accidentes en piscinas domésticas.[5]

Estos éxitos modestos parecen todavía más triviales cuando se comparan con los de otros pensadores en pequeño de mentalidad similar. Se han gastado millones y millones de dólares en reformas de la educación a escala mundial, normalmente invertidos en revisar el sistema de alguna manera: clases más pequeñas, mejores currículos, más exámenes, etcétera. Pero como señalamos antes, con frecuencia se pasa por alto la materia prima del sistema educativo, los estudiantes mismos. ¿Podría haber algunas intervenciones pequeñas, simples y baratas capaces de ayudar a millones de estudiantes?

Resulta que uno de cada cuatro niños tiene problemas de visión, mientras que un alucinante 60 % de los «estudiantes con dificultades de aprendizaje» tienen problemas de visión.[6] Si no puedes ver bien, no leerás bien, y eso da a la escuela un plus de dificultad. Sin embargo, incluso en un país rico como Estados Unidos, los exámenes de visión son a menudo laxos y no ha habido mucha investigación sobre la relación entre mala visión y rendimiento escolar.

Tres economistas —Paul Glewwe, Albert Park y Meng Zhao— abordaron este problema en China. Decidieron llevar a cabo una investigación sobre el terreno en Gansu, una provincia pobre y remota. De los alrededor de 2.500 alumnos de cuarto, quinto y sexto grado que necesitaban gafas, solo 59 las llevaban. Así que los economistas realizaron un experimento. Ofrecieron gafas gratis a la mitad de los estudiantes y dejaron que los demás siguieran como antes. El coste, alrededor de quince dólares por gafas, estaba cubierto por una beca de investigación del Banco Mundial.

¿Cómo les fue a los estudiantes que se pusieron gafas? Después de llevarlas durante un año, sus puntuaciones en los exámenes mostraron que habían aprendido del 25 al 50 % más que sus otros compañeros con problemas de visión. Gracias a unas gafas de quince dólares.

No estamos diciendo que regalar gafas a los escolares que las necesitan vaya a solucionar todos los problemas de educación, ni por asomo. Pero cuando estás centrado en pensar en grande, esta es exactamente la clase de pequeña solución que puedes pasar por alto con facilidad.*

Aquí hay otra regla fundamental de pensar como un niño: no temas lo obvio.

A nosotros dos nos invitan en ocasiones a conocer una empresa o una institución que necesita ayuda en alguna clase de problema. Al entrar, normalmente no sabemos casi nada de cómo funciona su trabajo. En la mayoría de los casos en los cuales terminamos siendo útiles, lo somos como resultado de una idea que surge en las primeras horas, cuando, desde la ignorancia absoluta, planteamos una pregunta que un *insider* nunca se dignaría formular. Mucha gente, igual que no está dispuesta a decir «No lo sé», no quiere parecer burda al plantear una pregunta simple o hacer una observación que está oculta a la vista de todos.

La idea del estudio sobre la relación entre aborto y criminalidad que hemos citado anteriormente surgió de la observación simple de unas cifras publicadas en el *Statistical Abstract of the United States* (la clase de libro que los economistas hojean para divertirse).

---

* Curiosamente, alrededor de un 30 % de los niños chinos a los que se les ofrecieron gafas las rechazaron. Algunos temían que llevar gafas de pequeños terminaría por debilitar su visión. Otro gran temor eran las burlas. Por fortuna, el estigma del «cuatro ojos» se ha invertido en otros lugares, sobre todo en Estados Unidos, donde estrellas del pop y deportistas de elite llevan gafas sin graduar como mero accesorio de estilo. Según ciertos cálculos, varios millones de estadounidenses llevan gafas con lentes sin graduar.

¿Qué dicen las cifras? Solo esto: en diez años, Estados Unidos pasó de muy pocos abortos a casi 1,6 millones al año, en gran medida por la sentencia del caso *Roe vs. Wade* del Tribunal Supremo que legalizó el aborto en cincuenta estados.

Cualquier persona inteligente, al ver este repunte, podría saltar a sus ramificaciones morales o políticas. Si, no obstante, sigues en contacto con el niño que llevas dentro, tu primer pensamiento podría ser: «Vaya, 1,6 millones de algo es un montón. Así pues... ¡eso tiene que haber afectado algo!»

Si estás dispuesto a enfrentarte a lo obvio, terminarás planteando muchas preguntas que otros no hacen. ¿Por qué ese chico de cuarto curso parece muy listo en la conversación, pero no puede responder una pregunta simple cuando está escrita en la pizarra? Claro, conducir borracho es peligroso, pero ¿y caminar borracho? Si la causa de la úlcera es el estrés y la comida especiada, ¿cómo alguna gente con poco estrés y dietas suaves tiene úlcera?

Como le gustaba decir a Albert Einstein,[7] todo debería hacerse de la manera más simple posible, pero no más simple que eso. Es una bonita forma de afrontar las fricciones que plagan la sociedad moderna: por más que estamos agradecidos por los procesos complejos que han producido tanta tecnología y progreso, también estamos mareados por su expansión descontrolada. Es fácil quedar seducido por la complejidad; pero también hay virtud en la simplicidad.

Regresemos brevemente a Barry Marshall, nuestro héroe australiano que ingería bacterias y resolvió el enigma de la úlcera.[8] Su padre, recordarás, era ingeniero; en una planta de pollos, en barcos balleneros y otros lugares. «Siempre teníamos acetileno, oxiacetileno, motores eléctricos y maquinaria en nuestro garaje», recuerda. En cierta época, la familia vivió cerca de un patio lleno de restos del ejército. Marshall rebuscó allí con vigor. «Podías encontrar torpedos viejos, motorcitos curiosos, cañones antiaéreos, te sentabas allí y te ponías a los mandos.»

En la Facultad de Medicina, Marshall descubrió que la mayoría de sus colegas procedían de familias en que los padres eran ejecutivos o abogados, y tenían una educación en consonancia. La mayoría de ellos, dice, «nunca tuvieron ocasión de jugar con un artefacto eléctrico, tubos o cañerías y cosas así». El talento práctico de Marshall estaba en auge cuando llegó el momento de aplicar electricidad a una rana.

Esta diferencia se trasladó a la visión que tenía Marshall del cuerpo humano en sí. La historia de la medicina es por supuesto larga y ocasionalmente gloriosa. Sin embargo, pese a su unión con la ciencia, la medicina también ha confiado en la teología, la poesía e incluso el chamanismo. Como resultado, el cuerpo ha sido visto con frecuencia como un recipiente etéreo animado por algún espíritu fantasmal. Según este punto de vista, las complejidades del cuerpo son enormes, y hasta cierto punto impenetrables. Marshall, entretanto, veía el cuerpo más como una máquina —una máquina maravillosa, a buen seguro— que funcionaba sobre los principios básicos de la ingeniería, la química y la física. Aunque era más complicado que un torpedo viejo, el organismo podía hasta cierto punto ser desmontado, ajustado y vuelto a montar.

Marshall tampoco pasó por alto el hecho de que todos sus pacientes de úlcera tenían el estómago lleno de bacterias. En aquel entonces, la sabiduría convencional sostenía que el estómago era un medio demasiado ácido para que las bacterias prosperaran. Sin embargo, allí estaban.

«Quienes las veían, las desdeñaban en su afán por mirar las células del estómago que había debajo —dice Marshall—, simplemente pasaban por alto las bacterias adheridas por toda la superficie estomacal.»

Así pues, planteó una pregunta sencilla: ¿qué demonios están haciendo aquí estas bacterias? Y continuó hasta demostrar que una úlcera no es un fallo del espíritu humano, sino más bien como una junta reventada, bastante fácil de arreglar si sabes cómo hacerlo.

Puede que te hayas fijado en un rasgo común en algunas de las historias que hemos contado (sobre reparar úlceras, comer *hot dogs* y catar vino a ciegas): la gente implicada parece pasárselo bien mientras aprende. A los freaks les gusta divertirse. Esta es otra buena razón para pensar como un niño.

Los niños no temen que les gusten las cosas que les gustan. No dicen que quieren ir a la ópera cuando prefieren jugar con la consola. No simulan estar disfrutando en una reunión cuando en realidad quieren levantarse y salir a correr. Los niños están enamorados de su propia audacia, cautivados por el mundo que los rodea, y son imparables en su persecución de la diversión.

Pero en uno de los trucos más extraños del desarrollo humano, estos rasgos se evaporan mágicamente en la mayoría de la gente en su vigésimo primer cumpleaños.

Hay ciertos ámbitos en los que divertirse o incluso dar la impresión de que lo estás pasando bien está prácticamente prohibido. Para empezar, el ámbito de la política, y el académico también. Y pese a que algunas empresas han dado últimamente un giro lúdico, la mayor parte del mundo empresarial sigue siendo alérgico a la diversión.

¿Por qué tantos tuercen el gesto con severidad ante la idea de pasarlo bien? Quizá por el miedo a parecer que no eres serio. Sin embargo, que nosotros sepamos, no hay correlación entre parecer serio y ser realmente bueno en lo que haces. De hecho, puede defenderse que lo cierto es lo contrario.

Ha habido un reciente aumento en la investigación del «rendimiento experto»,[9] cuyo objetivo es determinar qué hace que la gente sea buena en lo que hace. ¿Cuál ha sido el hallazgo más convincente? Que el talento puro está sobrevalorado: la gente que logra la excelencia —sea en golf, en cirugía o tocando el piano— con frecuencia no era la más talentosa en su infancia, pero se hicieron expertos al ejercitar interminablemente su talento. ¿Es posible practicar interminablemente algo que no disfrutas? Quizás, aunque nosotros no seamos capaces de hacerlo.

¿Por qué es tan importante pasarlo bien? Porque si amas tu trabajo (o tu activismo o tu tiempo con la familia), querrás dedicarte más a ello. Pensarás en ello antes de irte a dormir y en cuanto te levantes; tu mente siempre estará en marcha. Si estás tan comprometido, superarás a otras personas aunque tengan más talento natural. Según lo que hemos visto personalmente, el mejor elemento para predecir el éxito entre jóvenes economistas y periodistas es si aman absolutamente lo que hacen. Si ven el trabajo como, bueno, un trabajo, no es probable que prosperen. En cambio, si de alguna manera creen que el análisis de regresión o entrevistar a desconocidos es lo más divertido del mundo, sin duda tendrán una oportunidad.

Quizás el escenario más necesitado de una inyección de diversión es la política. Pensemos en cómo los creadores de políticas en general tratan de modelar la sociedad: mediante engatusar, amenazar o imponer impuestos a la gente para que se comporte mejor. La implicación es que si algo es divertido —hacer apuestas o comer hamburguesas con queso o tratar las elecciones presidenciales como una carrera de caballos—, tiene que ser malo para nosotros. Pero no tiene que ser de ese modo. En lugar de descartar el impulso divertido, ¿por qué no aprovecharlo para un bien mayor?

Considera este problema: los estadounidenses son pésimos en ahorrar. El índice de ahorro personal es actualmente de alrededor del 4 %. Todos sabemos que es importante guardar dinero para emergencias, educación y jubilación. Entonces ¿por qué no lo hacemos? ¡Porque es mucho más divertido gastar el dinero que meterlo en un banco!

Entretanto, los estadounidenses gastan unos 60.000 millones al año en billetes de lotería. Pero mucha gente también lo trata como una inversión. Casi el 40 % de adultos de bajos ingresos consideran la lotería su mejor oportunidad para hacerse con una gran suma de dinero. Como resultado, los que ganan poco gastan una parte mucho mayor de sus ingresos en la lotería que los que ganan más.

Por desgracia, la lotería es una inversión espantosa. Por lo general reparte en premios solo el 60 % de los ingresos, mucho menos de lo que cualquier casino o hipódromo se atrevería a ofrecer. Así que por cada cien dólares de lotería que «inviertes» puedes esperar perder cuarenta.

Pero ¿y si la parte divertida de jugar a la lotería pudiera de alguna manera aprovecharse para ayudar a la gente a ahorrar dinero? Esta es la idea subyacente a la cuenta de ahorro vinculada a premios (PLS).[10] Así es como funciona. En lugar de gastar cien dólares en billetes de lotería, los depositas en un banco. Digamos que la tasa de interés vigente es del 1 %. En una cuenta PLS accedes a entregar una pequeña porción de ese interés, quizás un 0,25 %, que luego se junta con todas las pequeñas porciones de depositantes de PLS. ¿Qué ocurre con ese bote de dinero? Se paga de manera periódica a algún ganador elegido al azar, ¡igual que la lotería!

Una cuenta PLS no entregará botes de muchos millones de dólares, porque el bote se saca del interés y no del capital. Pero este es el beneficio real: aunque no ganes nunca la lotería PLS, tu depósito original (y el interés) siguen en tu cuenta bancaria. Por eso alguna gente dice que es «lotería sin pérdida». Los programas PLS han ayudado a gente de todo el mundo a ahorrar dinero y a no desperdiciar en la lotería el salario que tanto les ha costado ganar. En Michigan, un grupo de cooperativas de ahorro y crédito recientemente presentó un programa piloto PLS llamado «Ahorra para ganar». El primer gran ganador fue una mujer de ochenta y seis años llamada Billie June Smith. Con un depósito de solo 75 dólares en su cuenta, ganó un premio de 100.000.

Sin embargo, aunque algunos estados están experimentando con programas similares, la fiebre PLS aún no ha cundido. ¿Por qué no? La mayoría de los estados prohíben el PLS porque es una forma de lotería, y las leyes estatales permiten que solo una entidad rija la lotería: el Estado en sí. (Un buen monopolio si lo consigues.) Además, la ley federal prohíbe que los bancos operen con loterías. No puedes culpar a los políticos por querer mantener el derecho exclusivo a esos 60.000 millones de dólares anuales en ingresos por lotería. Solo ten en cuenta que por mucho que disfrutes jugando a la lotería, el Estado se lo está pasando mejor, porque siempre gana.

Consideremos otro gran reto: recaudar dinero para

proyectos benéficos. El enfoque estándar, que estudiaremos con más detenimiento en el capítulo 6, utiliza una estrategia estremecedora con imágenes de niños que sufren o animales maltratados. Parecería que el secreto para recaudar dinero es hacer que la gente se sienta culpable y, consecuentemente, se rasque el bolsillo. ¿Podría haber otra forma?

A la gente le encanta jugar; sobre todo, jugar por Internet. Pero en el momento de escribir esto, la mayoría del juego *online* que implica ganar dinero real es ilegal en Estados Unidos. Sin embargo, a los americanos les gusta tanto jugar que millones de ellos gastan miles de millones de dólares reales jugando a falsas tragaperras u otros sucedáneos, aunque no puedan llevarse ni un centavo a casa. Si resulta que ganan, el dinero es engullido por las empresas que administran los sitios.

Así pues, consideremos la siguiente pregunta. Si estás dispuesto a pagar veinte dólares por el privilegio de jugar con una falsa tragaperras, ¿quieres que el dinero termine en manos de Facebook o Zynga, o sería preferible que vaya a tu organización de beneficencia favorita? Es decir, si la Sociedad Americana contra el Cáncer ofreciera un juego *online* que fuera igual de divertido que el que ya estás jugando, ¿no preferirías que el dinero fuera allí? ¿No sería todavía más divertido jugar y hacer del mundo un lugar mejor al mismo tiempo?

Esa fue nuestra hipótesis cuando recientemente ayudamos a poner en marcha una red llamada SpinForGood. com. Es un sitio de juego social donde la gente compite con otros jugadores y, si ganan, donan los beneficios a su entidad benéfica favorita. Quizá no es tan divertido como quedarte el dinero, pero seguro que es mejor que dejar tus ganancias en el gran saco de Facebook o Zynga.

Pásalo bien, piensa en pequeño, no temas lo obvio; estas son conductas infantiles que, al menos según nuestra opinión, un adulto haría bien en conservar. Pero ¿qué pruebas sólidas hay de que estas ideas funcionan realmente?

Consideremos una situación en la cual los niños son mejores que los adultos a pesar de los años de experiencia y formación que deberían dar ventaja a los adultos. Imagina por un momento que eres un mago. Si tu vida dependiera de engañar a un público de adultos o a uno de niños, ¿a cuál elegirías?

La respuesta obvia sería los niños. Los adultos, al fin y al cabo, saben mucho más cómo funcionan las cosas. Pero en realidad, los niños son más difíciles de engañar. «Todos los magos te dirán lo mismo —explica Alex Stone, cuyo libro *Engañar a Houdini* explora la ciencia del engaño—. Cuando realmente empiezas a mirar la magia y cómo funciona (los principios básicos de cómo nos engaña la magia), empiezas a plantear preguntas más profundas. ¿Cómo percibimos la realidad? ¿Cuánto de lo que percibimos es real? ¿Cuánta fe podemos tener en nuestros recuerdos?»

Stone, que posee un doctorado en física, es también un mago de toda la vida. Su primer trabajo fue en la fiesta de su sexto cumpleaños. «No fue bien —recuerda—. Me interrumpían. Fue terrible. Yo no estaba preparado.» Mejoró y desde entonces ha actuado ante todo tipo de públicos, incluidos eruditos en biología, física y campos relacionados. «Puedes pensar que sería difícil engañar a los científicos —dice—, pero en realidad es muy fácil.»

Muchos trucos de Stone incluyen un «doble *lift*», un movimiento común en el cual el mago presenta dos cartas como si fuera una. Así es cómo un mago puede mostrarte tu carta, luego aparentemente meterla en el mazo y hacerla reaparecer otra vez arriba. «Es un movimiento devastador —dice Stone—. Simple pero muy convincente.» Stone ha hecho miles de dobles *lifts*. «Me ha descubierto un adulto lego —esto es, no un mago— quizá dos veces en los últimos diez años. Pero los niños me han descubierto un montón de veces.»[11]

¿Por qué es más difícil engañar a los niños? Stone enumera varias razones:

1. Un mago está constantemente conduciendo y dando pie a su público para que vea lo que él quiere que vea. Esto hace que los adultos —preparados toda su vida para dejarse conducir— queden en una situación especialmente vulnerable. «La inteligencia —dice Stone— no se correlaciona bien con la credulidad.»

2. Los adultos son de hecho mejores que los niños «prestando atención» o concentrándose en una sola tarea cada vez. «Esto es bueno para hacer las cosas —dice Stone—, pero también te hace más susceptible al despiste.» En cambio, la atención de los niños «es más difusa, lo cual los hace más difíciles de engañar».

3. Los niños no se tragan el dogma. «Son relativamente inmunes a las hipótesis y expectativas sobre cómo funciona el mundo —dice Stone—, y la magia se basa en volver tus hipótesis y expectativas contra ti. Cuando estás simulando barajar, ni siquiera se fijan en que estás barajando.»

4. Los niños tienen curiosidad genuina. Según la experiencia de Stone, un adulto podría estar deseando descubrir un truco para vencer al mago. (A esa gen-

te se los conoce como «azotes».) Un niño, entretanto, «está realmente tratando de adivinar cómo funciona el truco, porque eso es lo que haces de niño, tratar de entender cómo funciona el mundo».

5. En ciertos aspectos, los niños son más agudos que los adultos. «Con el paso de los años nos hacemos más tontos y más viejos —dice Stone—. No nos fijamos tanto después de los dieciocho o así. Así que en el doble *lift*, los niños podrían percibir una ligera diferencia de grosor entre una sola carta y dos cartas levantadas juntas.»

6. Los niños no piensan demasiado en un truco. En cambio, los adultos buscan explicaciones no obvias. «¡Menudas teorías se le ocurren a la gente!», dice Stone. La mayoría de los trucos son relativamente simples. «Pero la gente busca las explicaciones más disparatadas. Dicen: "¡Me has hipnotizado!", o "Cuando me mostraste el as, ¿no era en realidad el as pero tú me convenciste de que lo era?". No entenderían que simplemente has forzado su elección de la carta.»

Stone señala una última ventaja que no guarda relación con cómo piensan los niños, pero puede ayudarles a descifrar un truco: su estatura. Stone hace sobre todo magia de proximidad y «los adultos quieren verlo desde su altura o más arriba». Los niños, entretanto, están mirando el truco desde abajo. «Me gusta el truco en que haces saltar monedas atrás y adelante. Estás dando una palmada en la moneda, y si los niños están demasiado abajo podrían verlo.»

Así que por el hecho de estar más cerca del suelo, un niño puede cortocircuitar un proceso que ha sido laboriosamente elaborado para ser visto desde arriba. A menos que tú mismo seas mago, nunca descubrirás esta ventaja. Esta es una ilustración perfectamente freak de cómo, al ver las cosas literalmente desde un ángulo nuevo, puedes en ocasiones obtener una ventaja para resolver un problema.

Dicho esto, no estamos sugiriendo que deberías ceñir toda tu conducta a la de un niño de ocho años. Eso causaría más problemas de los que resolvería. Ahora bien, ¿no sería bonito que todos pasáramos de contrabando algunos instintos infantiles por la frontera de la edad adulta? Dedicaríamos más tiempo a decir lo que pensamos y hacer las preguntas que nos preocupan; podríamos incluso desembarazarnos un poco de esa característica adulta tan perniciosa: la pretenciosidad.

Isaac Bashevis Singer, que ganó el Premio Nobel de Literatura, escribió obras de muchos géneros incluidos libros infantiles.[12] En un ensayo titulado *Por qué escribo para niños*, explicó lo que le atraía. «Los niños leen libros, no reseñas —escribió—. Les importan un pimiento las críticas.» Y: «Cuando un libro es aburrido, bostezan con la boca abierta, sin ningún temor a la autoridad.» Lo mejor —para alivio de los autores— es que los niños «no esperan que su autor preferido redima a la humanidad».

Así que, por favor, cuando hayas terminado este libro, dáselo a un niño.

6

Como dar un caramelo a un niño

Amanda, de tres años, había tenido éxito en dejar los pañales, pero luego había reincidido. Ninguno de los incentivos habituales —alabanzas y demás— lograba devolverla al lavabo.

Su madre estaba tan frustrada que cedió la tarea a su padre, uno de los autores de este libro. Él sentía una seguridad absoluta. Como la mayoría de los economistas, creía que podía solventar cualquier problema preparando los incentivos adecuados. El hecho de que su objetivo fuera una niña lo hacía aún más sencillo.

Se puso de rodillas y miró a Amanda a los ojos.

—Si vas al lavabo —le dijo—, te daré una bolsa de M&M's.[1]

—¿Ahora mismo? —preguntó ella.

—Ahora mismo. —Sabía que todos los manuales de pedagogía infantil desaconsejan usar golosinas como chantaje, pero los libros de *parenting* no están escritos por economistas.

Amanda corrió al lavabo, hizo sus necesidades y volvió presurosa a reclamar sus M&M's. ¡Victoria! Era difícil saber quién estaba más orgulloso, la hija o el padre.

Este plan funcionó a la perfección durante tres días, sin un solo accidente. Sin embargo, en la mañana del cuarto día las cosas cambiaron. A las 7.02 Amanda anunció:

—Tengo que ir al lavabo.

Lo hizo y consiguió sus M&M's.

Luego a las 7.08:

—Tengo que ir otra vez. —Lo hizo, solo una bolita, y vino a por sus golosinas.

A las 7.11:

—Tengo que ir de nuevo.

Una vez más, Amanda hizo una mínima deposición en el inodoro antes de exigir su siguiente bolsita de M&M's. Esto continuó durante más tiempo de lo que las partes interesadas quieren recordar.

¿Qué poder tienen los incentivos adecuados? En cuatro días, una niña pequeña pasó de enfrentarse al desafío del control de esfínteres a tener la vejiga mejor ajustada de la historia. Simplemente descubrió lo que tenía sentido hacer, dados los incentivos de que se beneficiaba. No había letra pequeña, ningún límite de bolsas, ninguna condición de intervalo temporal. Se trataba tan solo de una niña, una bolsa de golosinas y un inodoro.

Si hay un mantra por el que vive un freak, es este: la gente responde a los incentivos. Por obvio que podamos parecer en este punto, nos asombra la frecuencia con que la gente lo olvida y la frecuencia con que ello conduce a su perdición. Comprender los incentivos de todos los participantes en un escenario dado es un paso fundamental en la resolución de cualquier problema.

No es que los incentivos sean siempre tan fáciles de comprender. Diferentes tipos de incentivos —económicos, sociales, morales, legales y otros— pulsan los botones de la gente en direcciones y magnitudes diferentes. Un incentivo que funciona de maravilla en una situación podría fracasar en otra. Pero si quieres pensar como un freak, has de aprender a ser un maestro de los incentivos: el bueno, el feo y el malo.

Empecemos por el incentivo más obvio: el dinero. Probablemente no existe ningún ámbito de la vida moderna en la que los incentivos económicos no prevalezcan. El dinero modela incluso nuestro cuerpo. El adulto estadounidense medio pesa unos doce kilos más hoy que hace unas décadas.[2] Si te cuesta imaginar cuánto son doce kilos más, saca una cuerda y pásala por tres bidones de agua de cuatro litros. Ahora ponte esta corbata de bidones gigante al cuello y llévala cada día durante el resto de tu vida. Ese es el peso que ha ganado el estadounidense medio. Y por cada persona que no ha ganado ni un kilo, alguien lleva dos corbatas de bidones.

¿Por qué hemos engordado tanto?[3] Una razón es que la comida se ha abaratado con el tiempo. En 1971, los estadounidenses gastaban el 13,4 % de sus ingresos disponibles en alimentación; esa cifra ahora se sitúa en un 6,5 %. No todos los precios han bajado. Algunas frutas y verduras, por ejemplo, cuestan significativamente más hoy en día. En cambio, otros alimentos —sobre todo los más deliciosos, los que engordan y tienen bajos valores nutricionales como galletas, patatas chips y refrescos— se han vuelto mucho más baratos. Según un cálculo, una dieta altamente nutritiva puede costar hasta diez veces más que una dieta de comida basura.

Así pues, caben pocas dudas respecto a lo bien que funcionan los incentivos económicos, incluso si el resultado no es deseable. Tomemos un accidente de tráfico de 2011 en la ciudad china de Foshan.[4] Una niña de dos años que salía de un mercado fue arrollada por una furgoneta. El conductor se detuvo cuando el cuerpo de la niña se deslizó bajo el vehículo. Pero no bajó a auxiliarla. Después de una pausa, se alejó, pasando otra vez sobre la niña. La pequeña murió después. El conductor finalmente se entregó a la policía. La grabación de una supuesta conversación telefónica con el conductor se emitió en las noticias. «Si está muerta —explicó— podría tener que pagar unos veinte mil yuanes —unos 3.200 dólares—. Pero si está herida podría costarme cientos de miles de yuanes.»

No hay leyes de buen samaritano en China, y la indemnización por una lesión o enfermedad de larga duración puede superar con creces la indemnización por muerte. Así que, aunque el conductor debería haber puesto en primer plano sus responsabilidades morales y cívicas, prevaleció el incentivo económico perverso.

Veamos el ámbito más común en que los incentivos económicos dictan nuestra conducta: el empleo. Supón por un momento que adoras absolutamente tu empleo: el trabajo en sí, tus colegas, los cafés gratis en la sala de descanso. ¿Cuánto tiempo continuarías yendo a trabajar si de repente tu jefe redujera tu salario a un dólar?

No importa lo mucho que te diviertas en el trabajo —y no importa con cuánta frecuencia escuches que un deportista profesional jugaría gratis—: muy poca gente está dispuesta a trabajar al máximo si no le pagan. Por consiguiente, ningún ejecutivo del mundo es tan delirante como para esperar que sus empleados se presenten cada día y trabajen con tesón sin recibir dinero a cambio. Pero hay una gigantesca parte de la población a la que se le pide hacer exactamente eso. Solo en Estados Unidos, la cifra alcanza los sesenta millones. ¿Qué es esta muchedumbre mal pagada?

Escolares. Claro, algunos padres pagan a los niños por sacar buenas notas, pero los sistemas educativos suelen ponerse muy ceñudos cuando oyen hablar de incentivos económicos. ¿No deberían los niños, argumentan, estar movidos por un deseo de aprender y no por el dinero?[5] ¿De verdad queremos convertir a nuestros hijos en ratas de laboratorio que aprendan a superar un laberinto solo para llevarse el queso? Para muchos educadores, la idea de pagar por las notas es absolutamente repugnante.

En cambio, los economistas no sienten repugnancia con facilidad. También son un poco avasalladores; y eso explica que un grupo de economistas recientemente dirigiera una serie de experimentos en centenares de escuelas de Estados Unidos, ofreciendo premios en efectivo a más de veinte mil estudiantes. En algunos casos, a los estudiantes les pagaron unos pocos dólares por completar una tarea de estudio sencilla. En otros casos, un estudiante podía ganar veinte dólares o incluso cincuenta por mejorar sus notas.

¿Funcionó bien el plan de dinero a cambio de buenas notas? Hubo mejoría en algunos casos —alumnos de segundo curso de Dallas, por ejemplo, leyeron más cuando les pagaron dos dólares por libro—, pero resultó casi imposible mover la aguja de los resultados en exámenes, sobre todo entre estudiantes mayores.

¿Por qué? Tal vez las recompensas ofrecidas a los chicos eran demasiado insignificantes. Consideremos cuánto esfuerzo se requiere para que un estudiante alcance un suficiente o empiece a sacar notables y sobresalientes: ir a clase con regularidad y prestar atención; hacer todos los deberes y estudiar con frecuencia; aprender a hacer bien los exámenes. ¡Es mucho trabajo por solo cincuenta dólares! En comparación, un trabajo de salario mínimo está bien remunerado.

Entonces ¿qué ocurriría si pagaras a un estudiante cinco mil dólares por cada sobresaliente? Como todavía no se ha presentado ningún patrocinador con tanto dinero, no lo sabemos con seguridad, pero suponemos que aparecerían nombres nuevos en las listas de estudiantes con mención de honor en todo el país.

Cuando se trata de incentivos económicos, el tamaño importa. Hay cosas que la gente haría por una buena suma que nunca haría por unos pocos dólares. Los carnívoros más devotos del mundo podrían hacerse veganos si el *lobby* del tofu les ofreciera incentivos de diez millones de dólares. Se habla de un economista de vacaciones en Las Vegas que una noche se encontró en un bar al lado de una mujer de bandera.

—¿Estarías dispuesta a acostarte conmigo por un millón de dólares? —le preguntó.

Ella lo miró. No había mucho que ver, pero aun así, un millón es un millón. Accedió y lo acompañó a su habitación.

—Veamos —dijo él—. ¿Estarías dispuesta a acostarte conmigo por cien dólares?

—¿Cien dólares? —replicó ella—. ¿Acaso crees que soy una prostituta?

—Eso ya lo hemos comprobado. Ahora solo estamos negociando el precio.

Los incentivos en metálico, con todas sus limitaciones y trucos, no son perfectos. Pero he aquí la buena noticia: muchas veces es posible conseguir la conducta que deseas sin recurrir a medios económicos. Y también es mucho más barato.

¿Cómo hacerlo?

La clave es aprender a meterse en la mente del otro para averiguar lo que realmente le importa. En teoría, esto no debería ser tan difícil. Todos tenemos práctica en pensar cómo responder a los incentivos. Ahora es hora de sentarse al otro lado de la mesa, como en un buen matrimonio, para comprender qué quiere el otro. Sí, podría tratarse de dinero al fin y al cabo, pero con la misma frecuencia estamos motivados por el deseo de ser queridos o no ser odiados, o por el deseo de destacar entre la multitud o quizá de no destacar.

El problema es que mientras algunos incentivos son obvios, muchos no lo son. Y limitarse a preguntar a la gente qué quiere o qué necesita no siempre funciona. Afrontémoslo: los seres humanos no son los animales más francos del planeta. Con frecuencia decimos una cosa y hacemos otra; o, más concretamente, decimos lo que creemos que la otra gente quiere escuchar y luego, en privado, hacemos lo que nosotros queremos. En economía, esto se conoce como «preferencias declaradas» y «preferencias reveladas», y a menudo hay una marcada brecha entre ambas.

Cuando tratamos de entender qué clase de incentivo funcionará en una situación dada, es crucial mantener la atención en esta brecha. (De ahí el viejo dicho: no escuches lo que la gente dice; observa lo que hace.) Además, suele darse el caso de que cuando más ansioso estás por conocer los incentivos del otro —en una negociación, por ejemplo—, tus incentivos y los del otro están enfrentados.

¿Cómo puedes determinar los verdaderos incentivos de alguien? Los experimentos pueden ayudar. El psicólogo Robert Cialdini, una eminencia en el estudio de la influencia social, ha demostrado esto una y otra vez.[6]

En un caso, él y sus compañeros investigadores se propusieron determinar los incentivos que alentarían a la gente a usar menos electricidad en casa. Empezaron con una encuesta telefónica. Llamaron a un grupo diverso de residentes de California y les preguntaron: ¿qué importancia tienen los siguientes factores en su decisión de ahorrar energía?

1. Ahorrar dinero.
2. Proteger el medio ambiente.
3. Beneficiar a la sociedad.
4. Mucha gente trata de hacerlo.

Veamos lo que tenemos aquí: un incentivo económico (1), un incentivo moral (2), un incentivo social (3) y lo que podríamos llamar un incentivo de mentalidad de rebaño (4). ¿Cómo crees que puntuaron los californianos sus razones para ahorrar energía?

Estas son sus respuestas, de la más importante a la menos.

1. Proteger el medio ambiente.
2. Beneficiar a la sociedad.
3. Ahorrar dinero.
4. Mucha gente trata de hacerlo.

Eso parece correcto, ¿no? Puesto que la conservación de la naturaleza se ve en gran medida como una cuestión moral y social, los incentivos morales y sociales son los más importantes. A continuación, va el incentivo económico y, al final, la mentalidad de rebaño. Esto también parece sensato: ¿quién reconocería que está haciendo algo (sobre todo una acción tan importante como la conservación de la naturaleza) solo porque los demás lo hacen?

La encuesta telefónica sirvió a Cialdini y sus colegas para saber lo que la gente decía sobre la conservación de la naturaleza. Pero ¿sus acciones coincidían con sus palabras? Para descubrirlo, los investigadores llevaron a cabo un experimento de campo. Yendo casa por casa en un barrio de California, colgaron en los pomos de todas las puertas un cartelito que animaba a los residentes a ahorrar energía en los meses más cálidos usando un ventilador en lugar de aire acondicionado.

Ahora bien, los cartelitos no eran idénticos. Había cinco versiones. Uno tenía un titular genérico de «conservación de energía», mientras que los demás llevaban titulares que coincidían con los cuatro incentivos —moral, social, económico y mentalidad de rebaño— de la encuesta telefónica.

1. Protege el medio ambiente ahorrando energía.
2. Cumple con tu parte de ahorrar energía para generaciones futuras.
3. Ahorra dinero conservando energía.
4. Únete a tus vecinos en el ahorro de energía.

El texto explicativo de cada cartel también era diferente. El de «protege el medio ambiente», por ejemplo, ponía «puedes evitar la emisión de hasta 119 kg de gases invernadero por mes». El de «únete a tus vecinos» simplemente ponía que el 77 % de los residentes locales «usan ventiladores en lugar de aire acondicionado».

Los investigadores, que habían distribuido al azar los diferentes cartelitos, podrían medir el uso real de energía en cada casa y comprobar cuáles carteles causaban mayor impacto. Si había que creer la encuesta telefónica, los de «protege el medio ambiente» y «ahorra energía para generaciones futuras» funcionarían mejor, mientras que el de «únete a tus vecinos» fracasaría. ¿Fue eso lo que ocurrió?

Ni por asomo. El ganador claro de los cuatro fue «únete a tus vecinos». Exacto: el incentivo de mentalidad de rebaño superó a los incentivos moral, social y económico. ¿Te sorprende? En ese caso, quizá no debería. Mira el mundo que te rodea y encontrarás pruebas abrumadoras del funcionamiento de la mentalidad de rebaño. Influye en casi todos los aspectos de nuestra conducta: qué compramos, dónde comemos, a quién votamos.

Puede que no te guste esta idea, ya que a nadie le agrada reconocer que somos animales gregarios. Sin embargo, en un mundo complicado, seguir al rebaño puede estar justificado. ¿Quién tiene tiempo para reflexionar sobre cada decisión y todos los hechos que hay detrás? Si quienes te rodean creen que ahorrar energía es una buena idea, bueno, quizá lo sea. Así pues, si eres la persona que está diseñando un plan de incentivos, puedes usar este conocimiento para guiar al rebaño a hacer lo correcto; aunque lo esté haciendo por las razones equivocadas.

Ante cualquier problema, es importante descubrir qué incentivos funcionarán en realidad, no solo lo que tu brújula moral indica que debería funcionar. La clave es pensar menos en la conducta ideal de gente imaginaria y más en la conducta real de gente real. Y la gente real es muy imprevisible.

Consideremos otro experimento de Robert Cialdini, este en el Parque Nacional del Bosque Petrificado de Arizona. El parque tenía un problema, como quedaba claro en este cartel de advertencia:

TU HERENCIA ESTÁ SIENDO SAQUEADA
CADA DÍA POR ROBOS DE MADERA FÓSIL
QUE SUMAN 14 TONELADAS AL AÑO,
EN PEQUEÑAS CANTIDADES
CADA VEZ

El cartel apelaba con claridad al sentido de ultraje moral de los visitantes. Cialdini quería saber si este llamamiento era eficaz. Así que él y algunos colegas llevaron a cabo un experimento. Dejaron en diversas sendas del bosque trozos sueltos de madera petrificada, fáciles de ser robados. En algunos senderos pusieron carteles de «no robar» y en otros nada.

¿El resultado? Los senderos con cartel tuvieron casi el triple de robos que los senderos sin nada.

¿Cómo era posible?

Cialdini concluyó que el cartel oficial del parque, diseñado para transmitir un mensaje moral, quizá transmitía también un mensaje diferente. Algo como: «Vaya, están arramblando con el bosque petrificado, será mejor que me lleve mi parte ahora.» O: «¿Catorce toneladas al año? Seguro que unos trocitos no importan.»

El hecho es que los incentivos morales no funcionan tan bien como la gente podría imaginar.

«Generalmente —dice Cialdini—, los mensajes cívicos están concebidos para movilizar a las personas hacia conductas socialmente deseables, advirtiéndoles cuánta gente está actuando de manera reprobable. «Mucha gente conduce habiendo bebido, hemos de evitarlo. El embarazo adolescente tiene una alta incidencia en nuestras escuelas, hemos de atajarlo. El fraude fiscal es tan galopante que deberíamos aumentar las penas.» Es muy humano, pero es una estrategia obstinada, porque el mensaje subliminal es que mucha gente como tú está haciendo eso. Legitima la conducta indeseable.

¿La investigación de Cialdini te deprime? Quizá sugiere que los humanos somos incorregibles, con tendencia a coger nuestra buena porción y algo más; que siempre nos preocupamos de nosotros mismos más que del bien común; que somos, como mostró el estudio de energía de California, una panda de mentirosos.

Pero un freak no lo expresaría de ese modo. Simplemente observaría que las personas son criaturas complicadas, con un conjunto de incentivos privados y públicos con matices distintos, y que nuestra conducta está influida enormemente por las circunstancias. Una vez que comprendes cuánta psicología hay en juego cuando la gente procesa incentivos, puedes usar tus artimañas para crear planes de incentivos que funcionen de verdad, bien para tu propio beneficio o, si lo prefieres, por el bien común.

Brian Mullaney,[7] cuando dio con una de las ideas más radicales en la historia de la filantropía, ya había tenido un par de ideas radicales.

La primera, cuando tenía alrededor de treinta años. Estaba viviendo la vida de «un yuppie arquetípico —como él dice—, un hombre anuncio de Madison Avenue con traje de Armani y zapatos de Gucci. Tenía todos los accesorios: el reloj Rolex, el Porsche negro, el ático».

Uno de sus mejores clientes era una clínica de cirugía plástica en Park Avenue, en Nueva York. La mayoría de sus pacientes eran mujeres ricas que buscaban ser más delgadas aquí o más pechugonas allá. Mullaney a menudo iba en metro a visitar al cliente. Su trayecto coincidía en ocasiones con el final de la jornada escolar; cientos de niños subían en tropel a los vagones. Se fijó en que muchos tenían marcas faciales: cicatrices, lunares, manchas, incluso rasgos deformes. ¿Por qué no recibían ellos cirugía plástica? Mullaney, un grandullón locuaz y rubicundo, tuvo una idea descabellada: fundaría una organización benéfica para ofrecer cirugía correctiva gratuita a escolares de Nueva York. Lo llamó Operación Sonrisa.

El proyecto estaba a punto de lanzarse cuando Mullaney descubrió que había otra organización benéfica con el mismo nombre. Esta Operación Sonrisa, con sede en Virginia, era enorme: enviaba equipos de médicos voluntarios a países pobres de todo el mundo para llevar a cabo cirugía estética a niños. Mullaney se entusiasmó. Integró su pequeña Operación Sonrisa en esta grande, se unió a su junta, y fue a misiones en China, Gaza y Vietnam.

Mullaney pronto se dio cuenta de cómo una simple cirugía puede cambiar una vida. Cuando nace una niña con labio leporino en Estados Unidos, se soluciona en una edad temprana, dejándole solo una pequeña cicatriz. En cambio, si esa misma niña nace en la India de padres pobres, ese labio leporino no tratado probablemente crecerá hasta convertirse en una horrible mezcla de labio, encía y dientes. La niña sufrirá ostracismo y tendrá pocas esperanzas de gozar de una buena educación, empleo o matrimonio. Una pequeña deformidad, tan fácil de corregir, podría derivar en una «onda expansiva de desgracia», como lo expresa Mullaney. Lo que parecía una cuestión simplemente humanitaria era también económica. De hecho, cuando presentaba la Operación Sonrisa a gobiernos reticentes, Mullaney en ocasiones se refería a los niños con labio leporino como «activos no productivos» que, con una cirugía simple, podían regresar al canal principal de la economía.

Por desgracia, el número de operaciones de labio leporino a menudo sobrepasaba lo que Operación Sonrisa podía ofrecer. Puesto que la organización traía médicos y equipo quirúrgico de Estados Unidos, su tiempo y capacidad en un lugar dado eran limitados. «En cada misión, trescientos o cuatrocientos niños aparecían para rogar tratamiento —recuerda Mullaney—, pero solo podíamos ayudar a cien o ciento cincuenta.»

En un pequeño pueblo de Vietnam había un niño que jugaba al fútbol cada día con los voluntarios del Tren de las Sonrisas. Empezaron a llamarlo el Niño Futbolista. Cuando la misión terminó y los estadounidenses se estaban marchando, Mullaney vio al niño corriendo detrás del autobús, con su labio leporino todavía sin corregir. «Estábamos en estado de *shock*. ¿Cómo era posible que no le hubieran ayudado?» Como voluntario, dolía; como hombre de negocios le humillaba. «¿Qué negocio —pregunta— se aleja del sesenta por ciento de sus clientes?»

Mullaney ayudó a concebir un nuevo modelo de negocio para Operación Sonrisa. En lugar de recaudar millones de dólares para enviar médicos y equipo quirúrgico por el mundo con contratos limitados, ¿qué tal si se usaba el dinero con un equipo de médicos locales para llevar a cabo cirugía de labio leporino todo el año? Calculó que el coste por cada cirugía descendería en al menos un 75 %.

Sin embargo, la dirección de Operación Sonrisa no se mostró tan entusiasta con este plan. Así pues, Mullaney se marchó para empezar un nuevo grupo, el Tren de las Sonrisas. Para entonces había vendido su agencia de publicidad (por un importe de ocho cifras) y se había consagrado a arreglar sonrisas de todos los niños y niñas futbolistas que pudiese localizar. También quería cambiar la cara de la industria sin ánimo de lucro en sí, «la industria de trescientos mil millones de dólares más disfuncional del mundo», tal y como él la veía. Mullaney había llegado a creer que muchos filántropos participaban en lo que Peter Buffett, hijo del multimillonario Warren Buffett, llama «lavado de conciencia»:[8] hacer caridad para sentirse mejor más que luchar para encontrar las mejores maneras de aliviar el sufrimiento. Mullaney, el yuppie arquetípico, se había convertido en hacedor de buenas obras basándose en los datos.

El Tren de las Sonrisas obtuvo un éxito fenomenal. A lo largo de los siguientes cincuenta años ayudó a proporcionar más de un millón de operaciones quirúrgicas en casi noventa países, todo con un equipo mundial de menos de cien personas. Una película documental titulada *Smile Pinki*, que Mullaney ayudó a producir, ganó un Óscar. No por casualidad, Mullaney había convertido la organización en un gigante de la recaudación de fondos, ingresando casi mil millones de dólares en total. Las cualidades que le habían sido útiles como publicista lo fueron también para recaudar fondos: localizar donantes potenciales, poner a punto el mensaje del Tren de las Sonrisas y presentar su misión con la mezcla precisa de patetismo y energía. (También supo cómo comprar el espacio publicitario «restante» del *New York Times* a una fracción del precio oficial.)

Por el camino, Brian Mullaney aprendió muchas cosas de los incentivos que llevan a la gente a donar dinero a una entidad benéfica. Esto le condujo a intentar algo tan inusual que, como él dice, «mucha gente pensó que estábamos locos».

La idea empezó con una pregunta sencilla: ¿por qué la gente da dinero a una entidad benéfica?

Esta es una de esas preguntas obvias que a la mayoría de la gente inteligente ni le pasa por la cabeza. Mullaney se centró en eso. Un montón de investigación académica señala dos razones principales:

1. La gente es realmente altruista y actúa movida por el deseo de ayudar al prójimo.
2. Dar dinero les ayuda a sentirse mejor con ellos mismos; los economistas llaman a esto «altruismo de resplandor cálido».

Mullaney no dudaba de estos dos factores. Pero pensaba que había un tercer factor, del que la gente no hablaba:

3. Una vez que a la gente le piden un donativo, la presión social es tan alta que se sienten obligados a darlo, aunque desearían que no se lo hubieran pedido.

Mullaney sabía que el factor 3 era importante para el éxito del Tren de las Sonrisas. Por eso sus millones de envíos de cartas incluían una fotografía de un niño desfigurado necesitado de cirugía del paladar. Pese a que ningún recaudador de fondos en su sano juicio habría reconocido nunca en público haber manipulado a los donantes con presión social, todos sabían lo fuerte que es este incentivo.

Pero ¿y si, pensó Mullaney, en lugar de reducir la presión, el Tren de las Sonrisas la destacaba? Esto es, ¿qué ocurriría si el Tren de las Sonrisas ofreciera a donantes potenciales una forma de aliviar la presión social y donar dinero al mismo tiempo?

Así es como nació una estrategia conocida como «una vez y basta». Esto era lo que el Tren de las Sonrisas diría a los donantes potenciales. Haz una donación ahora y nunca más te pediremos otra.

Por lo que sabía Mullaney, esta estrategia nunca se había intentado antes, y no faltaba una buena razón. En la recaudación de fondos, adquirir un donante nuevo es difícil y caro. Casi todas las organizaciones benéficas inicialmente pierden dinero en esta fase. Pero los donantes, una vez pescados, tienden a donar una y otra vez. El secreto del éxito de la recaudación de fondos consiste en cultivar a estos donantes repetitivos, así que lo último que quieres es liberarlos en cuanto los has pescado. «¿Por qué ibas a acceder a no volver a acosar a los donantes cuando el acoso es el ingrediente principal para el éxito?», dice Mullaney.

El Tren de las Sonrisas se tomó en serio este acoso. Si hacías una donación inicial, podías esperar un promedio de dieciocho mensajes al año. Una vez que dabas dinero al Tren de las Sonrisas, te metías en una relación a largo plazo tanto si te gustaba como si no. Sin embargo, Mullaney sospechaba que había todo un universo de gente sin ningún interés en una relación duradera, y que, de hecho, podría sentirse molesta por el acoso del Tren de las Sonrisas. Así que se planteó la hipótesis de que estas personas podrían estar dispuestas a pagar al Tren de las Sonrisas para que dejara de enviarles correo. En lugar de meterse en una relación a largo plazo, quizá consentirían en una única cita con el Tren de las Sonrisas siempre que este prometiera no volver a pedirles otra cita.

Mullaney probó esta idea lanzando un experimento de

correo directo que incluía centenares de miles de cartas con el mensaje de «una vez y basta». Ni siquiera él, que nunca conoció un elemento de sabiduría convencional que le satisficiera, estaba seguro de que fuera una buena idea. «Una vez y basta» podría ser un fracaso sin paliativos.

¿Cómo funcionó?

Los hogares que recibieron la carta de «una vez y basta» tenían el doble de probabilidades de convertirse en nuevos donantes que la gente que recibía una carta de solicitud normal. Según los criterios de la recaudación de fondos, esto era una ganancia colosal. Estos donantes también daban ligeramente más dinero, un promedio de 56 dólares frente a 50.

Así pues, el Tren de las Sonrisas no tardó en recaudar millones de dólares extras. Pero ¿estaban sacrificando donaciones a largo plazo a cambio de ganancias a corto plazo? Al fin y al cabo, cada nuevo donante ahora tenía la opción de decirle al Tren de las Sonrisas que lo olvidara para siempre. El *mailing* de «una vez y basta» contenía una tarjeta de respuesta que pedía a cada donante que marcara una de tres casillas.

1. Esta será mi única donación. Por favor, envíeme un justificante fiscal y no vuelva a pedirme una donación.

2. Preferiría recibir solo dos comunicaciones del Tren de las Sonrisas cada año. Por favor, cumpla con mis deseos de limitar el número de mensajes que se me envían.

3. Por favor, manténgame al corriente de los progresos del Tren de las Sonrisas en curar labios leporinos por todo el mundo enviándome comunicaciones regulares.

Cabría esperar que todos los nuevos donantes marcaran la casilla 1. Al fin y al cabo, esa era la promesa que recibieron. Sin embargo, ¡solo un tercio de ellos optó por no recibir más mensajes! La mayoría de los donantes del Tren de las Sonrisas querían que siguieran acosándolos y, como al final mostrarían los datos, continuar dando dinero. La operación «una vez y basta» aumentó las donaciones generales en un asombroso 46 %. Y como alguna gente optó por no recibir más correo, el Tren de las Sonrisas recaudó todo ese dinero enviando menos cartas, lo cual ahorró muchos gastos.

El único fracaso del «una vez y basta» fue su nombre: la mayoría de los donantes no donaba una única vez y no tenía prisa por terminar su relación con el Tren de las Sonrisas.

¿Por qué la apuesta de Brian Mullaney funcionó tan bien? Hay varias explicaciones.

1. Novedad. ¿Cuándo fue la última vez que una organización benéfica —o cualquier otra empresa— te ofreció no volver a molestarte? Solo eso basta para conseguir tu atención.
2. Sinceridad. ¿Alguna vez has oído a una organización benéfica reconocer qué incordio es recibir todas esas cartas suplicantes? En un mundo de información sesgada, es bonito oír algo sin ambages.
3. Control. Más que dictar de manera unilateral los términos de la transacción, el Tren de las Sonrisas daba al donante cierto poder. ¿A quién no le gusta controlar su propio destino?

Hay otro factor que facilitó el éxito del «una vez y basta», un factor tan importante —sutil y poderoso al mismo tiempo— que puede considerarse el ingrediente secreto para que un incentivo funcione, o al menos que funcione mejor. El éxito más radical de «una vez y basta» es que cambió el marco de la relación entre la organización benéfica y el donante.

Cuando interactúas con otra entidad, tanto si es tu mejor amigo o una burocracia sin rostro, la interacción entra en una serie de marcos de trabajo. Está el marco económico que gobierna todo lo que compramos, vendemos y comerciamos. Hay un marco de trabajo «nosotros contra ellos» que define la guerra, los deportes y, por desgracia, la mayor parte de la actividad política. El marco del «ser querido» cubre amigos y familia (al menos cuando las cosas van sin complicaciones; de lo contrario cuidado con el «nosotros contra ellos»). Hay un marco de trabajo colaborativo que da forma a cómo te comportas con los colegas del trabajo o en tu orquesta de aficionados o en el equipo de fútbol. Y luego está el marco de la «figura de autoridad», en el cual alguien da instrucciones y se espera que alguien las siga; piensa en padres, profesores, policía, militares y cierta clase de jefes.

La mayoría de nosotros entramos y salimos de estos marcos diferentes cada día sin necesidad de pensar en los límites. Nos han condicionado a comprender que nos comportamos de manera diferente en marcos diferentes y que los incentivos también funcionan de manera distinta.

Digamos que un amigo te invita a una cena en su casa. Es un gran evento festivo —¿quién sabía que tu amigo era un maestro de la paella?— y al salir le das las gracias con efusividad y un billete de cien dólares.

Ups.

Ahora imagina que llevas a tu pareja a un restaurante agradable. Otra vez lo pasas de fábula. Al salir, le dices al propietario lo mucho que has disfrutado de la comida y le das un abrazo amistoso, pero no pagas la cuenta.

Doble ups.

En el segundo caso, no haces caso de las reglas obvias del marco económico (y quizás acabes en el calabozo). En el primero, contaminas el marco del «ser querido» al poner en juego el dinero (y quizá pierdas un amigo).

Así pues, está claro que puedes meterte en líos al mezclar tus marcos de referencia. No obstante, también puede ser sumamente productivo dar un empujoncito a una relación para que pase de un marco a otro. Ya sea a través de pistas sutiles o de incentivos concretos, muchos problemas pueden resolverse desplazando la dinámica entre las partes, ya sea entre dos personas o entre dos mil millones.

A principios de la década de 1970, la relación entre Estados Unidos y China era gélida, como lo había sido durante años. China veía a los estadounidenses como imperialistas voraces, mientras que Estados Unidos veía a los chinos como comunistas despiadados, y peor, como acérrimos aliados de la Unión Soviética en la guerra fría. Casi cada encuentro entre los dos países se encuadraba en el marco del «nosotros contra ellos».

Dicho esto, había toda clase de razones —políticas, económicas y demás— para que China y Estados Unidos buscaran una entente. De hecho, las negociaciones extraoficiales estaban en marcha. Pese a ello, décadas de fricción política habían producido un estancamiento que no permitía conversaciones directas entre ambos países. Había demasiado orgullo en juego, demasiada necesidad de salvar la cara.

Entran en juego los equipos de pimpón.[9] El 6 de abril de 1971 un equipo chino se presentó en Japón para competir en un torneo internacional. Era el primer equipo deportivo chino que participaba fuera del país en más de veinte años. El equipo llevaba un mensaje del presidente Mao en persona «para invitar al equipo estadounidense a visitar China». Y así, al cabo de una semana, el equipo estadounidense de pimpón se encontró hablando cara a cara con Chou En-lai, primer ministro chino, en el Gran Salón del Pueblo en Pekín.

El presidente Nixon envió apresuradamente a Henry Kissinger, su secretario de Estado, en una misión diplomática secreta a Pekín. Si los dirigentes chinos estaban dispuestos a recibir embajadores del pimpón, ¿por qué no uno real? La visita de Kissinger condujo a dos sucesos: una invitación para que el equipo chino de pimpón visitara Estados Unidos y, de manera más sustancial, el histórico viaje de Nixon a China. Fue, como lo llamó Nixon después, «la semana que cambió el mundo». ¿Todo habría ocurrido sin la diplomacia que tímidamente había desplazado el marco de referencia del «nosotros contra ellos»? Quizá. Pero el primer ministro Chou En-lai por una vez reconoció lo eficaz que fue el movimiento: «Nunca antes en la historia un deporte se ha usado de manera tan efectiva como herramienta de diplomacia internacional.»

Hasta cuando hay tanto en juego como en esta ocasión, cambiar el marco de referencia de una relación puede dar sus frutos. Considera el siguiente testimonio:

> Sois los mejores. He enviado a un montón de gente a vuestro sitio... ¡Estáis haciendo algo realmente bien! ¡No cambiéis ni una pizca! ¡Gracias!

¿A quién están alabando aquí, a una banda de rock? ¿A un equipo deportivo? ¿O quizás a... una zapatería en Internet?

En 1999, una empresa llamada Zappos[10] empezó a vender zapatos en la web. Después añadió ropa. Como muchas empresas modernas creadas por jóvenes emprendedores, Zappos no estaba tanto impulsada por incentivos económicos puros como por un deseo de ser amado. El servicio al cliente, declaraba, sería su fortaleza definitoria. No solo servicio al cliente estándar, sino superior: llámanos en cualquier momento, no hay nada que no hagamos por ti.

Para los *outsiders* parecía estrambótico. Si algún negocio estaba hecho para no tener que mimar a los clientes, ese parecía la venta de zapatos *online*. Pero Zappos tenía una idea diferente.

Para la empresa media, un cliente es una billetera humana a la cual se intenta sacar el máximo dinero posible. Todo el mundo lo entiende así, pero ninguna compañía quiere ser tan explícita. Por eso las empresas usan logos, eslóganes, mascotas y patrocinadores superamistosos.

Zappos, entretanto, más que fingir amistad, parecía querer realmente ser amistosa con sus clientes; al menos en la medida en que eso ayudara al éxito de la empresa. Y esa es la razón por la cual, más que enterrar su número de teléfono en lo más profundo de la web, Zappos publicaba su número en lo alto de cada página y tenía personal en el servicio de atención al cliente a todas horas. (Algunas llamadas se hacían tan largas e íntimas que parecían «terapia conversacional prolongada», como señaló un observador.) Y por esa razón Zappos ofrecía un plazo de devolución de 365 días y envío gratuito. Y por esa misma razón, cuando un cliente no pudo devolver un par de zapatos por una muerte en la familia, Zappos le envió flores.

Para desplazar de esta forma el marco de referencia —desde un punto de vista económico convencional a uno casi amistoso—, Zappos primero tuvo que desplazar el marco de referencia entre la empresa en sí y sus trabajadores.

Un trabajo en un *call-center* no es en general muy deseable, ni está bien pagado. (En Las Vegas, donde tiene su sede Zappos, los representantes del servicio de atención al cliente ganaban alrededor de once dólares por hora.) Así pues ¿cómo podía Zappos reclutar mejores empleados?

La respuesta estándar sería pagarles más. Pero Zappos no podía permitirse eso. En cambio, ofreció más diversión y más poder. Por eso las reuniones de la empresa a veces se celebraban en un bar. Y por eso un paseo por los cubículos de Zappos daba la sensación de un viaje al carnaval de Río, con música, juegos y vestidos. A los empleados del servicio de atención al cliente se les anima a hablar con el cliente todo el rato que quieran (sin ningún guion, nada), están autorizados a resolver problemas sin llamar a un supervisor y pueden incluso «despedir» a un cliente que causa problemas.

¿Cómo de deseable es un trabajo en un *call-center* en Zappos? Hace un par de años contrató 250 nuevos empleados tras recibir 25.000 solicitudes para un puesto de trabajo que solo se paga a once dólares la hora.

¿Cuál fue el mayor resultado de todo este cambio de marco de referencia? Que funcionó: Zappos se merendó a la competencia y se convirtió en lo que se considera la mejor tienda de zapatos del mundo. En 2009 lo compró Amazon.com por unos declarados 1.200 millones de dólares. Amazon, hay que reconocérselo, valoró el sello característico de Zappos. En su solicitud a la Securities and Exchange Comision, Amazon señaló que preservaría el equipo de dirección de Zappos y su «cultura obsesionada por el cliente».

Y no olvidemos cómo el Tren de las Sonrisas cambió su relación con los donantes. Por más que a la gente podría gustarle pensar que hacer donativos es una cuestión de altruismo, el viejo publicista Brian Mullaney había aprendido lo contrario: estaba vendiendo un producto (en el caso del Tren de las Sonrisas, una historia triste) y el donante estaba comprando (un final feliz).

La campaña «una vez y basta» cambió eso. Más que cazar donantes a base de tozudez, el Tren de las Sonrisas cambió su mensaje: «Eh, sabemos que es un incordio recibir dieciocho cartas al año. ¿Crees que nos gusta mandar tantas? Pero todos en el mismo barco, así que ¿por qué no nos mandas unos cuantos dólares y asunto arreglado?»

Voilà! El marco económico se ha reformulado como colaborativo, dejando a todas las partes —y más especialmente a los niños y niñas del mundo— en mejor posición.

No queremos crear la impresión de que cualquier problema puede resolverse con un simple desplazamiento del marco de referencia o un incentivo más astuto. Puede resultar muy duro encontrar incentivos que funcionen y continúen funcionando a lo largo del tiempo. (Recuerda cuán fácil es que una niña de tres años con debilidad por los M&M's se burle de su padre.) Muchos de estos incentivos fracasan; y algunos fracasan de forma tan espectacular que incluso aumentan el mal comportamiento que pretendían enderezar.

México D. F. ha sufrido durante mucho tiempo espantosos atascos de tráfico.[11] La contaminación es horrible y es difícil llegar a ningún sitio a tiempo. Por desesperación, al gobierno se le ocurrió un plan de racionamiento. Los conductores tendrían que dejar sus coches en casa un día laborable cada semana, y ese día se determinaría por la matrícula del vehículo. La esperanza era que menos coches atascaran las carreteras, más gente usara el transporte público y la contaminación se redujera.

¿Cómo funcionó el plan?

El racionamiento dio como resultado más coches en circulación, ningún incremento en el uso de transporte público y ninguna mejora en la calidad del aire. ¿Por qué? Para eludir la prohibición de matrículas, mucha gente se compró un segundo coche, la mayoría viejos y baratos y que consumían mucha más gasolina.

En otro caso, la ONU puso en marcha un plan de incentivación para compensar a los fabricantes por recortar los contaminantes que emitían a la atmósfera. Los pagos, en forma de bonos de carbono que podían venderse en el mercado libre, estaban indexados según la repercusión ambiental de cada contaminante.

Por cada tonelada de dióxido de carbono que una empresa reducía recibiría un bono. Otros contaminantes eran mejor remunerados: metano (21 bonos), óxido nitroso (310) y, casi en lo alto de la lista, algo llamado hidrofluorocarbono-23 o HFC-23.[12] Se trata de un supergas invernadero derivado de la fabricación de HCFC-22, un refrigerante común muy malo para el medio ambiente.

La ONU esperaba que las empresas cambiaran a un refrigerante más «verde» que el HCFC-22. Una forma de incentivarlos, razonaron, era recompensar magníficamente a las empresas por destruir su stock de gas HFC-23. Así pues, la ONU ofreció unos espectaculares 11.700 bonos de carbono por cada tonelada de HFC-23 que se destruyera en lugar de soltarla a la atmósfera.

¿Adivinas lo que ocurrió a continuación?

Las empresas de todo el mundo, sobre todo en China

y la India, empezaron a producir HCFC-22 adicional para generar HFC-23, eliminarlo y cobrar el incentivo. Tal y como lo expresó un oficial de la Agencia de Investigación Medioambiental (AIM): «Hay pruebas abrumadoras de que los fabricantes estaban creando un exceso de HFC-23 simplemente para destruirlo y ganar bonos de carbono.» Una empresa media ganaba más de veinte millones al año vendiendo bonos de carbono para HFC-23.

Enfadada y avergonzada, la ONU cambió las reglas del programa para evitar el abuso y varios mercados de carbono prohibieron los bonos de HFC-23, dificultando que las empresas encontraran compradores. Así pues, ¿qué ocurrirá con todas esas toneladas extras de HFC-23 dañino que de repente han perdido su valor? La AIM advierte que China y la India podrían «soltar enormes cantidades de HFC-23 a la atmósfera y propiciar que las emisiones globales de gases de efecto invernadero se disparen». En resumen, la ONU pagó a las empresas contaminantes millones y millones de dólares... para crear contaminación adicional.

Las recompensas que fracasan, por desgracia, no son algo tan raro como cabría esperar. Este fenómeno en ocasiones se ha denominado «efecto cobra».[13] Según la historia, un gobernante británico en la India colonial pensó que había demasiadas cobras en Delhi. Así que ofreció recompensas en efectivo por cada piel de cobra. El incentivo funcionó bien; de hecho, tan bien que dio lugar a una nueva industria: la cría de cobras. Los indios empezaron a criar serpientes para matarlas y embolsarse la recompensa. Al final la recompensa se derogó; con lo cual los granjeros de cobras hicieron lo lógico y liberaron a sus serpientes, tan tóxicas e indeseadas como el HFC-23 hoy.

Sin embargo, las recompensas en efectivo siguen ofreciéndose de manera rutinaria para desembarazarse de plagas. Más recientemente, hemos oído que esto ocurría con jabalíes euroasiáticos en Georgia y ratas en Sudáfrica. Y, de manera igual de rutinaria, surge un ejército de gente para burlar al sistema. Como escribió en cierta ocasión Mark Twain: «La mejor manera de aumentar los lobos en América, los conejos en Australia y las serpientes en la India es pagar una recompensa por sus pieles. Entonces todos los patriotas se dedicarán a criarlos.»[14]

¿Por qué algunos incentivos, incluso aquellos creados por gente lista y bien intencionada, fracasan de manera tan estrepitosa? Hay al menos tres razones:

1. Ningún individuo o gobierno será nunca tan listo como toda la gente que urde planes para aprovecharse de un plan de incentivos.
2. Es fácil prever cómo cambiarías la conducta de la gente que piensa como tú, pero la gente cuya conducta sueles tratar de cambiar no piensa como tú; por consiguiente, no responde como podrías esperar.
3. Existe la tendencia de suponer que la forma en que la gente se comporta hoy es como se comportará siempre. Pero la misma naturaleza de un incentivo sugiere que cuando una regla cambia, la conducta también lo hará; aunque no necesariamente, como hemos visto, en la dirección esperada.

Deberíamos señalar también la cuestión obvia de que a nadie le gusta sentirse manipulado. Muchos planes de incentivos son atracos apenas disfrazados para conseguir dinero o influencia, así que no es extraño que alguna gente se resista. Pensar como un freak podría sonar como un intento de usar medios más eficaces para conseguir lo que quieres, y no hay nada malo en eso. Pero si algo hemos aprendido de toda una vida de diseñar y analizar incentivos es que la mejor forma de conseguir lo que quieres es tratar a la gente con decencia. La decencia puede empujar casi cualquier interacción al marco cooperativo. Es sumamente poderosa cuando menos se espera, como cuando las cosas han ido mal. Algunos de los clientes más leales de una empresa son los que tuvieron un gran problema pero fueron tratados muy bien cuando este se resolvió.

Así pues, pese a que, desde luego, diseñar el incentivo adecuado no es fácil, este es un simple conjunto de reglas que normalmente nos orienta en la dirección adecuada:

1. Entiende qué es lo que importa realmente a las personas, no aquello que dicen que les importa.
2. Incentívalas en las dimensiones que son valiosas para ellas y que a ti te resultan fáciles de proporcionar.
3. Presta atención a cómo responde la gente; si su respuesta te sorprende o te frustra, aprende de ello y prueba con algo diferente.
4. Cuando sea posible, crea incentivos que cambien el marco de referencia de lo adversario a lo cooperativo.
5. Nunca creas que la gente hará algo solo porque sea lo correcto.
6. Ten en cuenta que alguna gente hará todo lo posible para burlar al sistema, encontrando formas de ganar que nunca habrías imaginado. Aunque solo sea

para mantener la cordura, trata de aplaudir su ingenio en lugar de maldecir su avaricia.

Esas son las bases de los incentivos. Bastante sencillo, ¿verdad? Ahora estás preparado para un curso avanzado en planes de incentivos. Empezamos el viaje con una pregunta que, por lo que sabemos, nunca se ha planteado en la historia de la humanidad.

7

¿Qué tienen en común el rey Salomón y David Lee Roth?

El rey Salomón[1] construyó el primer templo en Jerusalén y fue conocido por su sabiduría.

David Lee Roth fue el líder de la banda de rock Van Halen y fue conocido por sus excesos de *prima donna*.

¿Es concebible que tuvieran algo en común? Estas son unas pocas posibilidades:

1. Ambos eran judíos.
2. Ambos tenían muchas mujeres.
3. Ambos escribieron letras de canciones número uno.
4. Ambos tuvieron escarceos con la teoría de juegos.

Resulta que las cuatro afirmaciones son ciertas. Algunos hechos para confirmarlo:

1. David Lee Roth[2] nació en el seno de una familia judía en Bloomington, Indiana, en 1954; su padre, Nathan, era oftalmólogo. (Fue mientras se preparaba para su *bar mitzvá* cuando David aprendió a cantar.) El rey Salomón nació en una familia judía

de Jerusalén, alrededor del año 1000 a. C.; su padre, David, también había sido rey.

2. David Lee Roth se acostó «con todas las chicas guapas con dos piernas en sus pantalones —declaró una vez—; incluso dormí con una amputada». El rey Salomón «amó a muchas mujeres extranjeras», según la Biblia, incluidas «setecientas esposas, princesas y trescientas concubinas».

3. David Lee Roth escribió la letra de la mayoría de las canciones de Van Halen, incluida la de su único número uno, *Jump*. Se considera que el rey Salomón fue autor de algunos o de todos los siguientes libros bíblicos: Proverbios, Cantar de los Cantares y Eclesiastés. El cantante folk Pete Seeger usó varios versos del Eclesiastés como letra de su canción *Turn! Turn! Turn!*, que los Byrds grabaron en 1965 y se convirtió en número uno.*

4. Una de las historias más famosas sobre cada uno de estos dos hombres se centra en un pensamiento estratégico que cualquiera que desee pensar como un freak haría bien en imitar.

Salomón, un hombre joven que heredó el trono, estaba ansioso por demostrar que su juicio era sensato. Pronto se le presentó una oportunidad cuando dos mujeres, prostitutas de profesión, acudieron a él con una disputa. Las mujeres vivían en la misma casa y, en el intervalo de pocos días, cada una había dado a luz un niño. La primera mujer le dijo al rey que el bebé de la otra había muerto,

---

* Otro raro punto en común entre el rey Salomón y Roth: los títulos de ambas canciones número uno incluyen solo un verbo en imperativo.

y que esta «se despertó a medianoche y cogió a mi hijo y se lo puso en su seno [...] y dejó al niño muerto en mi regazo». La segunda mujer negó esa historia: «Es falso: tu hijo es el que murió, y el que vive es el mío.»

Una de las mujeres estaba mintiendo, pero ¿cuál? ¿Cómo iba a saber el rey Salomón cuál era la madre del niño vivo? «Traedme una espada —dijo—. Partid al niño vivo por la mitad, y dad una mitad a una y la otra mitad a la otra.»

La primera mujer rogó al rey que no hiciera daño al bebé y que se lo diera a la segunda mujer.

La segunda mujer, en cambio, abrazó la solución del rey: «Ni sea mío ni tuyo, sino divídase.»

Salomón enseguida falló a favor de la primera mujer. «Dad a la primera el niño vivo —dijo—; no hay que matarlo, pues ella es su madre.» La Biblia nos cuenta que «la sentencia se divulgó ampliamente» y el pueblo «vio que la sabiduría de Dios estaba en el rey para impartir justicia».

¿Cómo supo Salomón cuál era la verdadera madre?

Razonó que una mujer lo bastante cruel para aceptar partir un bebé era capaz de robar el bebé de otra. Además, la madre real preferiría renunciar a su hijo antes que verlo muerto. El ardid del rey Salomón había animado a la culpable y a la inocente a posicionarse.*

Por ingenioso que esto fuera, David Lee Roth podría haber sido un poco más ingenioso. A principios de los

---

* Como recordarán los lectores atentos, el campeón de competiciones de comer Takeru Kobayashi partía sus *hot dogs* por la mitad para comerlos más deprisa, un movimiento que se conocería como Método Salomón. Un lector aún más atento se fijará en que el nombre no es apropiado, porque aunque el rey Salomón amenazó con cortar por la mitad al bebé en disputa, no llegó a hacerlo.

años ochenta, Van Halen se había convertido en una de las más famosas bandas de rock and roll. Eran conocidos por organizar fiestas particularmente salvajes cuando estaban de gira. «Allá donde desembarque Van Halen —informó *Rolling Stone*— se avecina una bulliciosa y auténtica saturnal.»

El contrato de gira de la banda incluía unas cláusulas adicionales de 53 páginas con especificaciones técnicas y de seguridad, así como requisitos de comida y bebida. En días pares, a la banda había que servirle rosbif, pollo frito o lasaña, con acompañamiento de coles de Bruselas, brócoli o espinacas. Los días impares tocaba bistec o comida china con judías verdes, guisantes o zanahorias. En ninguna circunstancia debía servirse la cena en bandejas de plástico o cartón, ni con cubiertos de plástico.

En la página 40 de las exhaustivas cláusulas adicionales estaba la sección de comida para picar. Exigía patatas chips, frutos secos, *pretzels* y M&M's (Advertencia: ninguno marrón).*

¿Qué pasaba con eso? Las peticiones de frutos secos y patatas no eran ni con mucho tan quisquillosas. Ni el menú de la cena. Entonces ¿por qué ese trauma con los M&M's marrones? ¿Alguien de la banda había tenido una mala experiencia con ellos? ¿Van Halen tenía una veta sádica y obtenía placer en hacer que algún pobre empleado clasificara a mano los M&M's?

Cuando la cláusula de los M&M's se filtró a la prensa, se consideró un caso clásico de extravagancia de una es-

* El hecho de que este capítulo y el anterior incluyan historias sobre usos no habituales de los M&M's es pura coincidencia. No hemos recibido ningún dinero en concepto de colocación de producto o promoción de Mars, el fabricante de M&M's, aunque en retrospectiva estamos un poco decepcionados por ello.

trella del rock, de una banda que «abusaba de otros simplemente porque podía», dijo Roth años después. Pero, explicó, «la realidad es muy diferente».

La actuación en directo de Van Halen era un gran espectáculo, con un escenario colosal, audio atronador y efectos de iluminación espectaculares. Todo este equipamiento exigía una gran cantidad de apoyo estructural, potencia eléctrica y demás. Pero muchos de los escenarios donde tocaban estaban desfasados. «Ni siquiera tenían una entrada o un muelle de carga para acomodar una producción de Van Halen supermoderna, gigantesca y de tamaño épico», recordó Roth.

De ahí la necesidad de una cláusula adicional de 53 páginas. «La mayoría de las bandas de rock and roll tenían una cláusula adicional como un panfleto —dice Roth—. Había una que era como el listín de teléfonos chino.» Su cláusula daba instrucciones punto por punto para garantizar que el promotor de cada escenario proporcionaba suficiente espacio físico, capacidad de carga y potencia eléctrica. Van Halen quería asegurarse de que nadie muriera por que se derrumbara un escenario o por un cortocircuito en una torre de luz.

Pero cada vez que la banda llegaba a una nueva ciudad, ¿cómo podían estar seguros de que el promotor local había leído la cláusula y seguido los procedimientos de seguridad?

Entran en juego los M&M's marrones. Cuando Roth llegaba al escenario, inmediatamente iba a la parte de atrás para comprobar el cuenco de M&M's. Si veía marrones, sabía que el promotor no había leído con atención la cláusula y que «tendríamos que hacer una comprobación seria» para asegurarse de que el equipo importante había sido preparado adecuadamente.

También se aseguraba de poner patas arriba el camerino si no había M&M's marrones. Esto se consideraría una locura de estrella del rock y, por consiguiente, mantendría su trampa a salvo de la detección. No obstante, sospechamos que de todos modos lo disfrutaba.

Y así fue que David Lee Roth y el rey Salomón participaron de manera fructífera de la teoría de juegos, la cual, definida de un modo restrictivo, es el arte de batir a tu oponente anticipando su siguiente movimiento.

Hubo un tiempo en que los economistas pensaban que la teoría de juegos se apoderaría del mundo, ayudando a perfilar o predecir toda clase de resultados importantes. Pues resultó no ser ni por asomo tan útil o interesante como prometía. El mundo es demasiado complicado para que cualquier teoría produzca su supuesta magia. Sin embargo, pensar como un freak significa pensar de forma simple y, como mostraron el rey Salomón y David Lee Roth, una versión simple de la teoría de juegos puede obrar maravillas.

Por dispares que fueran sus contextos, los dos hombres se enfrentaban a un problema similar: la necesidad de separar al culpable del inocente, visto que ninguno daba un paso al frente para reconocer su culpa. En jerga de economistas, había un «equilibrio de puesta en común» —las dos madres en el caso de Salomón y todos los promotores de gira en el caso de Van Halen— que necesitaban ser aislados en un «equilibrio de separación».

Una persona que está mintiendo o engañando responderá a un incentivo diferente que una persona honesta. ¿Cómo puede explotarse este hecho para descubrir a los malvados? Hacerlo requiere una comprensión de cómo funcionan los incentivos en general (lo cual aprendiste en el anterior capítulo) y cómo actores diferentes pueden responder de manera diferente a un incentivo dado (como veremos en este). Ciertas herramientas del arsenal freak podrían venirte bien una o dos veces en tu vida. Esta es una de esas herramientas. Pero tiene poder y cierta elegancia, porque puede tentar a un culpable a revelar involuntariamente su culpa a través de su propia conducta.

¿Cómo se llama este truco? Hemos buscado en los libros de historia y otros textos para encontrar un nombre apropiado, pero no encontramos nada. Así pues, inventemos algo. En honor al rey Salomón, trataremos este fenómeno como si fuera un proverbio perdido: enseña a tu jardín a arrancar sus malas hierbas.

Imagina que has sido acusado de un delito. La policía dice que robaste algo, o que golpeaste a alguien, o que condujiste borracho tu vehículo atropellando todo lo que te salía al paso.

Pero las pruebas no son claras. La jueza hace todo lo posible por entender lo que ocurrió, pero no está segura. Así que se le ocurre una solución creativa. Decreta que meterás el brazo en un caldero de agua hirviendo. Si lo sacas ileso, serás declarado inocente y liberado; pero si tu brazo queda desfigurado, serás condenado y enviado a prisión.

Esto es precisamente lo que ocurrió en Europa durante cientos de años en la Edad Media. Si el tribunal no podía determinar satisfactoriamente si un acusado era culpable, entregaba el caso a un sacerdote católico que recurría a una ordalía, usando agua hirviendo o una barra de hierro candente.[3] La idea era que Dios conocía la verdad y milagrosamente dejaría sin daño a cualquier sospechoso que hubiera sido acusado por error.

Como medio de establecer la culpa, ¿cómo caracterizarías la ordalía medieval?

1. Bárbaro.
2. Absurdo.
3. Sorprendentemente eficaz.

Antes de que respondas, pensemos en los incentivos en juego aquí. Imagina a un pastor que vive en algún lugar de Europa hace mil años. Lo llamaremos Adam. Tiene un vecino de al lado, Ralf, que también es pastor. Los dos no se llevan bien. Adam sospecha que Ralf le robó una vez varias ovejas. Ralf hace correr la voz de que Adam pone piedras en sus balas de lana para aumentar su peso en el mercado. Los dos hombres discuten regularmente por los derechos de un prado de pasto comunal.

Una mañana, todo el rebaño de ovejas de Ralf aparece muerto, aparentemente envenenado. Enseguida acusa a Adam. Pese a que Adam podría tener un incentivo para matar al rebaño de Ralf —menos lana de Ralf supone un precio mayor para la de Adam—, hay desde luego otras posibilidades. Tal vez las ovejas murieron de enfermedad o de envenenamiento natural. Quizá fueron envenenadas por un tercer rival. O quizá Ralf envenenó sus propias ovejas para conseguir que enviaran a Adam a prisión o lo multaran.

Se recogen las pruebas y se aportan al juicio, pero no son concluyentes. Ralf asegura que vio a Adam acechando su ganado la noche anterior al incidente, pero, dada la acritud de los rivales, el juez se pregunta si Ralf está mintiendo.

Imagina ahora que eres el juez: ¿cómo se supone que

vas a determinar si Adam es culpable? E imagina además que en lugar de un caso así, hay cincuenta Adams ante el juez. En cada caso, las pruebas son demasiado débiles para condenar, pero tampoco quieres dejar en libertad a un criminal. ¿Cómo pueden separarse los inocentes de los culpables?

Dejando que el jardín arranque sus propias malas hierbas.

El juez da dos opciones a Adam. Puede declararse culpable o someterse a un juicio por ordalía, poniendo su destino en manos de Dios. Desde nuestra perspectiva moderna, es difícil imaginar una ordalía como una forma de separar a los culpables de los inocentes, pero ¿lo era?

Echemos un vistazo a los datos. El economista Peter Leeson, cuya investigación ha abordado temas como la ley gitana y la economía pirata, hizo justamente eso. Un conjunto de registros eclesiásticos de la Hungría del siglo XIII incluía 308 casos que entraron en la fase de juicio por ordalía. De estos, 100 fueron cancelados antes de producir un resultado final. Eso dejó 208 casos en los cuales el acusado fue convocado por el sacerdote a la iglesia, subió al altar y —después de que se acomodara a sus compañeros congregados para observar desde cierta distancia— fue obligado a agarrar una barra de hierro candente.

¿Cuántas de esas 208 personas crees que resultaron con horribles quemaduras? ¿Las 208? No olvides que estamos hablando de hierro candente. ¿Quizá 207 o 206?

La cifra real es 78. Lo cual significa que los restantes 130 —casi dos tercios de los acusados que pasaron por la ordalía— resultaron milagrosamente ilesos y por consiguiente fueron exonerados.

A menos que estos 130 milagros fueran auténticos milagros, ¿cómo podía explicarse?

Peter Leeson cree conocer la respuesta: «amaño sacerdotal». Esto es, un sacerdote de alguna manera modificó la configuración de la ordalía para hacer que pareciera legítima mientras se aseguraba de que el acusado no quedara desfigurado. Esto no habría sido difícil, porque el sacerdote tenía el control sobre toda la situación. A lo mejor cambiaba la barra de acero candente por otra más fría. O, cuando usaba la ordalía del agua hirviendo, quizá vaciaba un balde de agua fría en el caldero antes de que los congregados entraran en la iglesia.

¿Por qué iba a hacer esto un sacerdote? ¿Se trataba simplemente de ejercer un poco de misericordia humana? ¿Tal vez aceptaba sobornos de algunos acusados?

Leeson ve una explicación diferente. Volvamos a pensar en esos cincuenta Adams sobre los cuales el tribunal no se ha decidido. Supondremos que algunos son culpables y otros inocentes. Como se ha señalado antes, una persona culpable y otra inocente responderán con frecuencia al mismo incentivo de maneras diferentes. ¿Qué están pensando los Adams culpables y los Adams inocentes?

Un Adam culpable probablemente está pensando algo como: «Dios sabe que soy culpable. Si, por consiguiente, me someto a la ordalía me escaldaré horriblemente. No solo seré encarcelado o multado, sino que pasaré el resto de mi vida con dolores. Así que quizá deba confesar mi culpa para evitar la ordalía.»

¿Y qué pensaría un Adam inocente? «Dios sabe que soy inocente. Por consiguiente, me someteré a la ordalía, porque Dios nunca permitiría que este tormento me haga daño.»

Así que la creencia de que Dios intervendría en su juicio por ordalía, escribe Leeson, «creó un equilibrio de separación en el cual solo los acusados inocentes estaban dispuestos a someterse a ordalías». Esto ayuda a explicar por qué 100 de las 308 ordalías fueron canceladas: los acusados reconocieron la acusación del demandante; presumiblemente, al menos en muchos casos, porque el acusado, siendo culpable, estimaba mejor aceptar su castigo sin la pena adicional de resultar quemado.

¿Y qué ocurre con nuestro pastor Adam? Digamos, por ejemplo, que no envenenó el rebaño de Ralf y fue engañado por Ralf. ¿Cuál sería el destino de Adam? En el momento en que se quedara en la iglesia ante el caldero burbujeante, rezando por clemencia, el sacerdote probablemente habría adivinado que Adam era inocente y, en consecuencia, amañaría la ordalía.

No olvidemos que 78 de los acusados fueron escaldados y luego culpados o enviados a prisión. ¿Qué ocurrió en esos casos?

Nuestra mejor explicación es que: o bien 1) los sacerdotes creían que estos acusados eran realmente culpables, o 2) los sacerdotes tenían al menos que mantener las apariencias de que un juicio por ordalía funcionaba realmente, a fin de que la amenaza no perdiera su eficacia para separar a inocentes de culpables; y así esa gente fue sacrificada.

También cabe señalar que la amenaza perdería su eficacia si los acusados no creían en un Dios todopoderoso y omnisciente que castigaba al culpable y perdonaba al inocente. Pero la historia sugiere que la mayoría de la gente en esa época creía realmente en un Dios todopoderoso que impartía justicia.

Y eso nos conduce al giro más estrambótico en esta historia estrambótica: si los sacerdotes medievales manipularon las ordalías, eso podría convertirlos en los únicos que no creían en la existencia de un Dios omnisciente; o si existía, que tenía suficiente fe en sus ayudantes sacerdotales para ver sus amaños como parte de una búsqueda de justicia divina.

Tú también puedes jugar a ser Dios de vez en cuando si aprendes a preparar un jardín que elimine por sí solo sus malas hierbas.

Supongamos que trabajas para una empresa que contrata centenares de empleados cada año. Contratar requiere mucho tiempo y dinero, sobre todo en industrias en las que los trabajadores van y vienen. En el comercio al por menor, por ejemplo, los cambios de empleados son de aproximadamente el 50 % anual; en los restaurantes de comida rápida, la tasa puede aproximarse al 100 %.[4]

Así que no es sorprendente que los empresarios se hayan esforzado en acelerar el proceso de selección. Los que buscan empleo pueden ahora rellenar las solicitudes *online* en veinte minutos desde la comodidad de sus casas. Gran noticia, ¿verdad?

Quizá no. Un proceso de solicitud tan fácil puede atraer a gente con un interés mínimo en el trabajo, que tienen buen aspecto sobre el papel pero no es probable que se queden mucho si los contratan.

Así pues, ¿y si los empresarios, en lugar de hacer el proceso de solicitud cada vez más fácil, lo hicieran innecesariamente complejo con, pongamos, una solicitud que requiera 60 o 90 minutos para ser rellenada? Eso eliminaría a los diletantes.

Hemos propuesto esta idea a varias empresas y ninguna la ha aceptado. ¿Por qué? «Si hacemos el proceso de solicitud más complicado —aducen— tendremos menos solicitudes.» Por supuesto, de eso se trata: te desembarazarías de los solicitantes con mayores posibilidades de ser impuntuales o de abandonar al cabo de pocas semanas.

En cambio, facultades y universidades no tienen esos reparos en torturar a sus solicitantes. Piensa en cuánto trabajo debe hacer un estudiante solo para ser tenido en cuenta para una plaza en una facultad decente. La diferencia entre las solicitudes de empleo y las de acceso a una facultad es especialmente asombrosa si se repara en que el solicitante de empleo cobrará después de ser aceptado, mientras que quien ingresa en la facultad deberá pagar por el privilegio de asistir.

Sin embargo, esto ayuda a explicar por qué un título universitario sigue siendo tan valioso. (En Estados Unidos, un trabajador con un grado de cuatro años gana alrededor de un 75 % más que alguien que solo ha terminado el instituto.)[5] ¿Qué clase de señal envía un título universitario a un potencial empleador? Que su poseedor está dispuesto y es capaz de realizar toda clase de tareas enrevesadas e interminables; y, como nuevo empleado, es poco probable que se marche al primer signo de fricción.

Por tanto, descartada la opción de que las solicitudes de trabajo sean tan complicadas como las de ingreso en la universidad, ¿hay alguna forma rápida, inteligente y barata de cribar a los malos empleados antes de contratarlos?

A Zappos se le ocurrió un método. Recordarás que esta zapatería *online* maneja ideas no ortodoxas sobre cómo puede funcionar un negocio, y que su servicio de atención al cliente es clave para el éxito de la empresa. Así que, aunque el trabajo tenga una remuneración de solo once dólares por hora, Zappos quiere cerciorarse de que cada nuevo empleado está comprometido con los valores de la empresa. Aquí es donde entra en juego «la Oferta».[6]

Cuando los nuevos empleados están en el período de prueba —ya han sido filtrados, se les ha ofrecido un puesto y han completado unas semanas de formación—, Zappos les ofrece la oportunidad de dejarlo. Mejor todavía, a los que lo dejen les pagarán el tiempo de formación y también un bono equivalente a un mes de salario —unos 2.000 dólares—, ¡solo por marcharse! Lo único que han de hacer es pasar por una entrevista de salida y renunciar a intentar volver a ser contratados en Zappos.

¿Suena descabellado? ¿Qué clase de empresa ofrece 2.000 dólares a un empleado por no trabajar?

Una empresa inteligente. «Se trata realmente de poner al empleado en la posición de: "¿Te importa más el dinero o te importa más esta cultura y la empresa?" —explica Tony Hsieh, el director general—. Si les importa más el dinero fácil, entonces no somos la empresa adecuada para ellos.»

Hsieh supuso que cualquiera que aceptara los 2.000 dólares fáciles era la clase de trabajador que a largo plazo terminaría costando a Zappos mucho más. Según el cálculo de una industria, cuesta un promedio de 4.000 dólares sustituir a un empleado,[7] y una encuesta reciente llevada a cabo en 2.500 empresas descubrió que una mala contratación puede costar más de 25.000 dólares en productividad perdida y descenso de la moral.[8] Así pues, Zappos decidió pagar unos magros 2.000 dólares de entrada y dejar que los malos contratados se arrancaran de raíz ellos mismos. En el momento de escribir esto, menos de un 1 % de nuevos contratados en Zappos aceptaron «la Oferta».

El mecanismo de selección de Zappos es claramente distinto del empleado por los sacerdotes medievales, David Lee Roth y el rey Salomón. En este caso, Zappos está operando con transparencia total; no hay ningún truco. Los otros casos se basan en la artimaña. Es esta lo que hace que una parte se ponga en evidencia, sin darse cuenta de que está siendo manipulada. La historia de Zappos, por consiguiente, podría parecerte más virtuosa. Pero, seamos sinceros, usar un truco es más divertido. Considera el caso de una fábrica secreta de balas en Israel.[9]

Después de la Segunda Guerra Mundial, el gobierno británico declaró que renunciaría a su mandato en Palestina. El Reino Unido estaba agotado por la guerra y cansado de arbitrar la difícil coexistencia entre árabes y judíos.

Para los judíos que vivían en Palestina, parecía inevitable que una guerra con sus vecinos árabes estallaría en cuanto se marcharan los británicos. Así que el grupo paramilitar judío Haganá empezó a hacer acopio de armas. Las armas no escaseaban —podían traerse de contrabando desde Europa y otros lugares—, pero la munición sí, y era ilegal fabricarla bajo el mandato británico. Así que Haganá decidió construir una fábrica de munición clandestina en un kibutz situado en una colina cerca de Rehovot, a unos veinticinco kilómetros de Tel Aviv. Su nombre en clave: Instituto Ayalon.

El kibutz tenía una plantación de limoneros, un huerto de verduras y una panadería. El Instituto estaba ubicado en el sótano secreto de una lavandería. La lavandería tenía que ahogar el ruido de la fabricación de balas y proporcionar una tapadera: los trabajadores del kibutz se presentaban a trabajar allí y luego, apartando una de las enormes lavadoras, bajaban por una escalera hasta la fábrica. Usando equipo comprado en Polonia y traído de contrabando, el Instituto empezó a fabricar munición de 9 mm para la ametralladora Sten.

La fábrica era tan secreta que a las mujeres que trabajaban allí no se les permitía explicar a sus maridos qué hacían. La operación tenía que ocultarse no solo de los árabes, sino también de los británicos. Esto era especialmente complicado porque los soldados británicos estacionados cerca iban a lavar la ropa al kibutz. También les gustaba pasar el rato con algunos *kibbutzniks* que habían luchado junto a los ingleses durante la Segunda Guerra Mundial como miembros de la Brigada Judía.

Ya les había ido de poco una vez: un oficial británico apareció justo cuando estaban bajando una máquina de fabricación de balas a través del suelo. «Los compañeros lo escoltaron al comedor, le sirvieron cerveza y conseguimos bajar la máquina, cerrar la trampilla y ocultarla», recordó el ex gerente de la planta.

Aun así, se pusieron nerviosos. Si al oficial británico no le hubiera tentado un vaso de cerveza, probablemente habrían cerrado el Instituto y sus dirigentes habrían terminado en prisión. Necesitaban protegerse contra otra visita sorpresa.

La solución, dice la historia, estaba en la cerveza. Los oficiales británicos se habían quejado de que la cerveza estaba demasiado caliente en el kibutz; la preferían helada. Sus amigos judíos, ansiosos por complacerles, les hicieron una propuesta: «La próxima vez que vengáis a visitarnos, llamad antes y pondremos cerveza en hielo para vosotros.» ¡Dicho y hecho! Al menos según una leyenda del kibutz, esta alarma de la cerveza caliente funcionó a la perfección: los oficiales británicos nunca más hicieron una visita sorpresa a la fábrica, que continuó produciendo más de dos millones de balas para su uso en la guerra de Independencia de Israel. Los *kibbutzniks* habían apelado con astucia al limitado interés personal de los británicos para satisfacer el suyo mucho más amplio.

Hay diversas formas de enseñar a un jardín a arrancar sus malas hierbas (o, si lo prefieres, a crear un equilibrio separado). La fábrica de balas secreta y Zappos utilizaron un cebo —cerveza fría en un caso, 2.000 dólares en el otro— que ayudó a resolver las cosas. Las ordalías de los sacerdotes confiaban en la amenaza de un Dios omnisciente. David Lee Roth y el rey Salomón tuvieron que mostrar una mala cara de sí mismos para llegar a la verdad; Roth al presentarse como una *prima donna* aún mayor de lo que era, y Salomón al sugerir que era un tirano sediento de sangre, ansioso por solventar una disputa de maternidad troceando un bebé.

Método aparte, seducir a la gente para que se ordene en categorías puede tener muchas utilidades. También puede ser extraordinariamente provechoso. Considera el siguiente mensaje de correo electrónico:[10]

> Querido señor/señora: [11]
> Soy un directivo del Consejo de Control de la Energía en Lagos, Nigeria. Obtuve sus datos de un directorio de negocios de la Cámara de Comercio e Industria cuando estaba buscando una persona RESPONSABLE, SINCERA y DE CONFIANZA para encomendarle este negocio.
> Durante la concesión de un contrato para llevar electricidad a centros urbanos, algunos de mis colegas y yo inflamos la cantidad de ese contrato. La CANTIDAD SOBREFACTURADA está salvaguardada bajo nuestra custodia.
> No obstante, hemos decidido transferir esta suma de dinero, 10,3 millones de dólares, fuera de Nigeria. Por ello, buscamos un socio extranjero fiable, sincero y no ambicioso del que podamos usar su cuenta para

transferir los fondos. Y hemos acordado que EL TITU-LAR DE LA CUENTA SE BENEFICIARÁ DE UN 30 % de la suma total.

Si usted es capaz de manejar la transacción sin complicaciones ni defectos, tendremos seguridad en el trato. Por favor, hagamos de esto un asunto TOP SECRET y evitemos cualquier cosa que haga peligrar nuestras carreras.

Si esto es de interés para usted, por favor contácteme de inmediato a través de esta dirección de correo para más detalles y una comunicación más fluida.

¿Alguna vez has recibido un mensaje como este? ¡Por supuesto que sí! Probablemente el siguiente está buscando llegar a tu buzón en este mismo momento. Si no viene de un funcionario del gobierno, simula ser un príncipe desposado o la viuda de un millonario. En todos los casos, el autor tiene a su disposición millones de dólares, pero necesita ayuda para sacarlos de una burocracia rígida y un banco no cooperativo.

Ahí es donde entras tú. Si enviaras tu información de cuenta bancaria (y quizás unas hojas con el membrete de dicho banco), la viuda o el príncipe o el funcionario del gobierno podría dejar el dinero con seguridad en tu cuenta hasta que todo se solucionase. Cabe la posibilidad de que tengas que viajar a África para ocuparte de la burocracia. También podrías necesitar avanzar unos pocos miles de dólares para cubrir unos pagos por adelantado. Por supuesto, serás abundantemente recompensado por las molestias.

¿Esta oferta te tienta? Esperemos que no. Es una estafa, variaciones de la cual se han practicado desde hace siglos. Una versión anterior fue conocida como «el prisionero español». El estafador simulaba ser una persona rica erróneamente encarcelada y privada de sus riquezas. Una enorme recompensa esperaba al héroe que pagara por su liberación. En los viejos tiempos, el estafado era engañado vía carta postal o con encuentros cara a cara; hoy el escenario es Internet.

El nombre de este delito es «fraude de pago anticipado», pero es más comúnmente llamado «carta fraudulenta nigeriana» o «fraude 419», por una sección del Código Penal nigeriano. Pese a que el fraude de pago anticipado se practica en muchos sitios, Nigeria parece ser su epicentro: hay más engaños de correo electrónico de esta clase que involucran más a Nigeria que al resto de países juntos. De hecho, la conexión es tan famosa que si escribes Nigeria en un buscador la función «autocompletar» te ofrecerá *Nigerian scam*.

Y esto podría llevarte a que te preguntes: si la estafa nigeriana es tan famosa, ¿por qué un estafador nigeriano iba a reconocer ser de Nigeria?

Esta fue la pregunta que se planteó Cormac Herley, un científico informático de Microsoft Research que ha estado largo tiempo interesado en cómo los defraudadores abusan de la tecnología. En un trabajo previo, en Hewlett-Packard, una de sus preocupaciones era que impresoras de sobremesa cada vez más sofisticadas podrían usarse para imprimir dinero falso.

Herley no había pensado mucho en la estafa nigeriana hasta que oyó a dos personas mencionarla desde enfoques opuestos. Una habló de los millones o incluso miles de millones de dólares que ganan los estafadores. (Es difícil obtener cifras concretas,[12] pero los estafadores nigerianos han tenido suficiente éxito para que el Servicio Secreto estadounidense organizara un operativo; una víctima de California perdió cinco millones de dólares.)[13] La otra persona señaló qué estúpidos debían de ser esos nigerianos para enviar cartas llenas de historias descabelladas y argumentos ilógicos.

Herley se preguntó cómo estas dos afirmaciones podrían ser ciertas. Si los estafadores son tan tontos y sus cartas son obviamente una estafa, ¿cómo podían tener éxito? «Cuando ves una contradicción aparente —dice—, empiezas a cavar en busca de algún mecanismo mediante el cual tenga sentido.»

Herley empezó a examinar el ardid desde la perspectiva de los estafadores. Para alguien que desea cometer fraude, Internet es una panacea. Facilita obtener una enorme cantidad de direcciones de correo electrónico y enviar instantáneamente millones de cartas-cebo. Así que el coste de contactar con víctimas potenciales es increíblemente bajo.

Sin embargo, convertir una víctima potencial en una real requerirá tiempo y esfuerzo, generalmente una larga serie de correos electrónicos, quizás algunas llamadas telefónicas y en última instancia burocracia bancaria.

Digamos que por cada 10.000 mensajes trampa que envías, 100 personas muerden el anzuelo inicial y responden. Los 9.900 que han enviado tu mensaje a la papelera no te han costado nada. Pero ahora empiezas a invertir significativamente en las 100 víctimas potenciales. Por cada una de ellas que se espabile o se asuste, o simplemente pierda interés, tu margen de beneficio decrece.

¿Cuántos de estos 100 terminarán pagándote? Digamos que uno de ellos llega hasta el final. Los otros 99 son, en la jerga de los estadísticos, «falsos positivos».

El fraude de Internet no es ni mucho menos el único reino acechado por falsos positivos. Alrededor del 95 % de las alarmas de robo que la policía norteamericana responde son falsas alarmas.[14] Eso hace un total de 36 millones de falsos positivos al año, a un coste de casi 2.000 millones de dólares. En medicina nos preocupan los falsos negativos —una enfermedad letal, por ejemplo, que queda sin detectar—, pero los falsos positivos son también un gran problema. Un estudio descubrió una asombrosa proporción de falsos positivos (60 % para los hombres, 49 % para mujeres) entre pacientes que eran regularmente filtrados para cáncer de próstata, de pulmón, de colon o de ovarios. [15] Un equipo de trabajo llegó al extremo de argumentar que los chequeos de ovarios en mujeres sanas deberían eliminarse, porque no son muy eficaces y porque los falsos positivos conducen a demasiadas mujeres «a daños innecesarios, tales como cirugía mayor».

Uno de los falsos positivos más perturbadores en la historia reciente ocurrió en el propio campo de la seguridad informática de Cormac Herley. En 2010, el software antivirus McAfee identificó un archivo malicioso en una enorme cantidad de ordenadores con Microsoft Windows. Enseguida atacó el archivo, ya fuera borrándolo o poniéndolo en cuarentena, dependiendo de cómo estuviera configurado un ordenador dado. Solo hubo un problema: el archivo no era malicioso, de hecho era un componente clave para la función de inicio de Windows. El antivirus, al atacar falsamente un archivo sano, propició que «millones de PC entraran en ciclos infinitos de reinicio», dice Herley. [16]

Así pues, ¿cómo puede un estafador nigeriano reducir sus falsos positivos?

Herley usó sus conocimientos matemáticos e informáticos para parametrizar esta cuestión. Por el camino, identificó la característica más valiosa de la víctima potencial: la ingenuidad. Al fin y al cabo, ¿quién sino una persona ingenua enviaría miles de dólares a un desconocido remoto basándose en una carta descabellada sobre una fortuna de dudosa procedencia?

¿Cómo puede un estafador nigeriano saber, solo mirando miles de direcciones de correo, quién es ingenuo y quién no? No puede. La ingenuidad es en este caso un rasgo no observable. Sin embargo, Herley se dio cuenta de que el estafador podía invitar a gente ingenua a ponerse en evidencia. ¿Cómo?

Enviando una carta tan ridícula —incluyendo menciones prominentes a Nigeria— que solo una persona ingenua se tomaría en serio. Cualquiera con una pizca de sentido o experiencia enviaría inmediatamente a la basura un mensaje de correo electrónico como ese. «El estafador quiere encontrar al tipo que no ha oído hablar de ello —dice Herley—. Cualquiera que no caiga de la silla riendo es exactamente la persona con la que quiere hablar.»

Así es como Herley lo expresó en un trabajo de investigación: «El objetivo del mensaje electrónico no es tanto atraer a usuarios viables como repeler a los no viables, que los superan con creces en número [...]. Una formulación menos extravagante que no mencionara a Nigeria casi con seguridad recabaría más respuestas totales y más respuestas viables, pero produciría menos beneficio general [...]. Los que son engañados por un tiempo pero luego lo descubren, o los que dudan ante la última valla, son precisamente los falsos positivos que el estafador debe impedir.»

Si tu primer instinto era pensar que los estafadores de Nigeria son estúpidos, quizá te has convencido, como Cormac Herley, de que esta es exactamente la clase de estupidez a la que todos deberíamos aspirar. Sus mensajes ridículos son de hecho muy brillantes al hacer que los extensos jardines de los estafadores arranquen por sí solos sus malas hierbas.

Dicho esto, estos hombres son sinvergüenzas y ladrones. Por mucho que uno pueda admirar su metodología, es difícil celebrar su empeño. Así pues, ahora que comprendemos cómo funciona el juego ¿hay una forma de volver su metodología contra ellos?

Herley cree que sí. Señala con aprobación una pequeña comunidad *online* de «mordedores de anzuelos» que intencionadamente llevan a los estafadores nigerianos a perder el tiempo en conversaciones de correo electrónico. A Herley le gustaría aumentar este esfuerzo mediante la automatización. «Se trata de construir un robot que converse, un programa informático capaz de mantener una conversación vía e-mail. Hay ejemplos, entre ellos un robot psicoterapeuta, sin ir más lejos.[17] O sea, un dispositivo que convenza al estafador que está al otro lado, que lo atraiga un poco. No necesitas hacer que intercambie veinte correos, pero si cada vez tiene que dedicar algún esfuerzo, eso sería genial.»

En otras palabras, a Herley le gustaría ver a un programador informático listo simular ser tonto para, así, ser más listo que un estafador listo que también está simulando ser tonto para encontrar a una víctima, si no tonta, al menos extremadamente ingenua.

El robot conversador de Herley inundaría el sistema de estafa de falsos positivos, haciendo que resultara virtualmente imposible distinguir una víctima real. Sería como lanzar en los jardines de los estafadores bombas de racimo con millones y millones de malas hierbas.

También nosotros pensamos que estaría bien atacar a algunos terroristas antes de que fueran capaces de atacar a gente inocente.

En *Superfreakonomics*, publicado en 2009, describimos un algoritmo que construimos con un especialista en fraude de un gran banco británico. Estaba diseñado para tamizar billones de puntos de datos generados por millones de clientes de banco para identificar potenciales terroristas. Estaba inspirado por la conducta bancaria irregular de los terroristas del 11-S en Estados Unidos. Entre las conductas clave:[18]

- Solían hacer un gran depósito inicial y luego retiraban dinero de manera constante a lo largo del tiempo sin nuevos depósitos.
- Su actividad bancaria no reflejaba gastos de vida normal como alquiler, servicios básicos, seguros, etcétera.
- Algunos enviaban o recibían rutinariamente transferencias del extranjero, pero la cantidad siempre se situaba por debajo del límite de obligada declaración.

Marcadores como estos no bastan para identificar a un terrorista, ni siquiera a un pequeño delincuente. No obstante, empezando con eso, y seleccionando marcadores más significativos de las bases de datos de bancos británicos, conseguimos apretar el nudo del algoritmo.

Y había que apretarlo. Imagina que nuestro algoritmo resultara preciso en un 99 % al predecir que un cliente bancario dado estaba relacionado con un grupo terrorista. Eso suena muy bien hasta que consideras las consecuencias de una tasa de falsos positivos del 1 % en un caso así.

Los terroristas son relativamente raros en el Reino Unido. Pongamos que haya 500. Un algoritmo preciso al 99 % desvelaría a 495 de ellos, pero también identificaría erróneamente al 1 % de otra gente de esa base de datos. Teniendo en cuenta la población del Reino Unido, unos cincuenta millones de adultos, se traduciría en medio millón de personas inocentes. ¿Qué ocurriría si acusaras a medio millón de inocentes por cargos de terrorismo? Sí, podrías alardear de lo baja que es una tasa de falsos positivos del 1 % —¡solo mira los falsos positivos con los que se enfrentan los estafadores nigerianos!—, pero todavía tendrías un montón de gente muy enfadada (y probablemente demandas por falsa acusación).

Así que el algoritmo tendría que acercarse a una precisión del 99,999 %. Eso es lo que buscábamos al cargar el algoritmo con un marcador tras otro. Algunos eran puramente demográficos (los terroristas en el Reino Unido son predominantemente hombres jóvenes y, en esta coyuntura de la historia, musulmanes). Otros eran conductuales. Por ejemplo: era poco probable que un potencial terrorista retirara dinero de un cajero un viernes por la tarde durante la hora de oración de los musulmanes.

Notamos que un marcador era particularmente poderoso en el algoritmo: seguro de vida. Un terrorista en ciernes casi nunca contrata un seguro de vida en su banco, aunque tenga mujer e hijos pequeños. ¿Por qué? Como explicamos en el libro, una póliza de seguros puede no cobrarse si el titular comete un atentado suicida, así que es una pérdida de dinero.

Después de varios años de tira y afloja, el algoritmo se ejecutó en un archivo enorme de datos bancarios. Funcionó toda la noche en el superordenador del banco para no interrumpir el trabajo habitual. El algoritmo parecía funcionar muy bien. Generó una lista relativamente corta de nombres entre los cuales creíamos que habría un puñado de probables terroristas. El banco nos entregó esta lista en un sobre sellado con lacre —la ley de protección de datos nos impedía ver los nombres—, y nosotros nos reunimos con el director de una agencia de seguridad nacional británica para entregárselo. Fue todo muy a lo James Bond.

¿Qué ocurrió con la gente de esa lista? Nos gustaría decírtelo, pero no podemos, no por cuestiones de seguridad nacional sino porque no tenemos ni idea. Pese a que las autoridades británicas parecieron alegrarse de recibir nuestra lista de nombres, no se sintieron obligadas a mantenernos informados de su gestión.

Esto parecería el final de la historia. Pero no lo es.

En *Superfreakonomics* describimos no solo cómo se urdió el algoritmo, sino también cómo un posible terrorista escaparía de su alcance: yendo al banco y contratando un seguro de vida. El banco en particular con el que trabajamos, señalamos, «ofrece pólizas básicas por solo unas pocas libras al mes». Pedimos más atención para esta estrategia en el subtítulo del libro: *Enfriamiento global, prostitutas patrióticas y por qué los terroristas suicidas deberían contratar un seguro de vida.*

Después de llegar a Londres para una gira promocional del libro, descubrimos que el público británico no apreciaba que diéramos consejos a terroristas. «No estoy seguro de por qué les estamos contando a los terroristas este secreto», escribió un crítico de periódico.[19] Los entrevistadores de radio y televisión fueron menos educados. Nos pidieron que explicáramos qué clase de idiota se dedicaría a urdir una trampa así solo para explicar cómo evadirla. Éramos más tontos que cualquier estafador nigeriano, más vanidosos que David Lee Roth y más sedientos de sangre que el rey Salomón.

Carraspeamos, tosimos, racionalizamos; ocasionalmente bajamos la cabeza en gesto contrito. Pero por dentro sonreíamos. Y nos sentíamos un poco mejor cada vez que nos culpaban de nuestra estupidez. ¿Por qué?

Desde el principio del proyecto reconocimos que encontrar unas cuantas manzanas podridas entre millones sería difícil. Nuestras posibilidades mejorarían si conseguíamos engañar a las manzanas podridas para que se revelaran ellas mismas. Eso era lo que nuestra trampa del seguro de vida —sí, fue una trampa desde el principio— pretendía.

¿Conoces a alguien que compre seguros de vida a través de su banco? No, y nosotros tampoco. Muchos bancos los ofrecen, pero la mayoría de los clientes usan los bancos para cuestiones de banca; si quieren un seguro, lo contratan con un corredor o una compañía de seguros.

Así pues, mientras estos americanos estúpidos eran crucificados en los medios británicos por dar consejo a los terroristas, ¿qué clase de persona de repente tenía un fuerte incentivo para correr a contratar un seguro de vida en su banco? Alguien que quisiera cubrir sus huellas. Y nuestro algoritmo ya estaba en marcha, prestando una cuidadosa atención. Habiendo aprendido de las grandes mentes descritas en este capítulo, preparamos una trampa para atrapar solo a los culpables. Los animó y, en palabras del rey Salomón, «acabarán por destruirse a sí mismos».[20]

8

Cómo convencer a gente que no quiere ser convencida

Si estás dispuesto a pensar como un freak, en ocasiones terminarás teniendo problemas con alguien.[1]

Quizá plantees una pregunta incómoda, cuestiones que afecten a una creencia o, simplemente, toques un tema que no debería tocarse. Como resultado, la gente podría ponerte verde. Podrían acusarte de confraternizar con brujas o comunistas, incluso con economistas. Podrías estar en trayectoria de colisión frontal. ¿Qué ocurre a continuación?

Nuestro mejor consejo es que te limites a sonreír y cambies de tema. Por duro que sea pensar de manera creativa sobre soluciones para ciertos problemas, según nuestra experiencia es incluso más difícil convencer a la gente que no quiere ser convencida.

Pero si estás empeñado en convencer a alguien, o si de verdad estás contra las cuerdas, hazlo lo mejor que puedas. Aunque intentamos evitar riñas y altercados, nos hemos metido en unos cuantos, y hemos aprendido algunas cosas por el camino.

Primero, comprende lo difícil que será la persuasión y por qué.

La inmensa mayoría de científicos del clima creen que el mundo se está calentando, debido en parte a la actividad humana, y creen que el calentamiento global conlleva un riesgo significativo.[2] No obstante, la opinión pública de Estados Unidos está bastante menos preocupada.[3] ¿Por qué?

Un grupo de investigadores llamado Cultural Cognition Project, formado principalmente por expertos en leyes y psicólogos, trató de responder esa pregunta.

La misión general del CCP consiste en determinar cómo la opinión pública forma sus puntos de vista en cuestiones tan sensibles como leyes de armas, nanotecnología y violación en una cita. En el caso del calentamiento global, el CCP empezó con la posible explicación de que la opinión pública simplemente no cree que los científicos del clima sepan de qué están hablando.

Pero esa explicación no encaja muy bien. Una encuesta de Pew de 2009[4] muestra que en Estados Unidos los científicos están extremadamente bien considerados, con un 84 % de encuestados que califica su efecto en la sociedad como «en general positivo». Y como los científicos han pensado largo y tendido sobre el calentamiento global, recopilando y analizando datos, parecerían estar en buena posición para conocer los hechos.

Así que tal vez la ignorancia sea la respuesta. Quizá la gente que no se preocupa por el cambio climático simplemente «no es lo bastante lista», como planteó un investigador del CCP, «no está lo suficientemente educada y no comprende los hechos como los científicos». Esta explicación parece más prometedora. La misma encuesta de Pew descubrió que el 85 % de los científicos creen que «la opinión pública no sabe mucho de ciencia» y que esto es un «problema fundamental».

Para determinar si la ignorancia científica podría explicar la falta de preocupación popular, el CCP llevó a cabo su propio estudio. Empezó con preguntas para determinar el nivel científico y de cálculo de cada encuestado. Estas son algunas de las cuestiones de cálculo:

1. Imagina que lanzamos un dado de seis caras mil veces. De mil tiradas, ¿cuántas veces crees que saldría un número par?
2. Un bate y una pelota de béisbol cuestan 1,10 dólares en total. El bate cuesta 1,00 más que la pelota. ¿Cuánto cuesta la pelota?

Y estas son algunas de las preguntas de ciencia:

1. Verdadero o falso: El centro de la Tierra está muy caliente.
2. Verdadero o falso: Es el gen del padre el que decide si el bebé será un niño.
3. Verdadero o falso: Los antibióticos matan virus además de bacterias.*

Después de la encuesta, a los encuestados se les pedía que respondieran otro conjunto de preguntas, incluida esta:

* Estas son las respuestas a las preguntas de cálculo, seguidas del porcentaje de gente que las respondió correctamente. 1) 500 (58 %). 2) 5 centavos (12 %). (Esta pregunta es más complicada de lo que parece. Si te has equivocado —probablemente has pensado que la pelota cuesta 10 centavos—, vuelve y léelo otra vez, concentrándote en la palabra «más».) Y ahora las preguntas de ciencia: 1) Verdadero (86 %), 2) Verdadero (69 %), 3) Falso (68 %).

¿Qué riesgo crees que plantea el cambio climático para la salud, seguridad o prosperidad humanas?

¿Cómo predecirías que resultó la encuesta? ¿No esperarías que la gente con una mejor comprensión de matemáticas y ciencia tendría más posibilidades de apreciar la amenaza del cambio climático?

Sí, también era eso lo que esperaban los investigadores del CCP. Pero no ocurrió así. «En general —concluyeron los investigadores—, los sujetos con más cultura científica y de cálculo eran ligeramente menos, no más, proclives a ver el cambio climático como una amenaza seria que aquellos con menos cultura científica y matemática.»

¿Cómo puede ser esto? Hurgando más profundo, los del CCP encontraron otra sorpresa en los datos. La gente a la que le fue bien en la prueba de matemáticas y ciencia tendía a adoptar un punto de vista extremo sobre el cambio climático, en una dirección u otra, esto es, a considerarlo muy grave y peligroso o algo completamente inocuo.

Extraño, ¿no? Las personas con puntuaciones elevadas en ciencia y matemáticas están presumiblemente mejor educadas, y todos sabemos que la educación crea gente ilustrada, moderada, no extremista, ¿verdad? Pues no necesariamente. Los terroristas, por ejemplo, suelen estar significativamente mejor educados que sus pares no terroristas.[5] Como descubrieron los investigadores del CCP, lo mismo ocurría con los extremistas del cambio climático.

¿Cómo puede explicarse esto?

Una razón podría ser que la gente lista simplemente está más habituada a tener razón, y por consiguiente tiene mayor seguridad en su conocimiento, sin que importe de qué lado de la cuestión está. Pero estar seguro de que tienes razón no es lo mismo que tenerla. Philip Tetlock, que estudia la capacidad predictiva de los expertos políticos, descubrió que el dogmatismo conduce a malas predicciones.

El cambio climático también podría ser uno de esos temas en que la mayoría de la gente no piensa demasiado. Esto es comprensible. Las fluctuaciones año a año del clima pueden cambiar las tendencias más sutiles a largo plazo; los cambios ocurrirán en décadas o siglos. La gente está demasiado ocupada con la vida cotidiana para batallar con algo tan complejo e incierto. Por tanto, basándose en su emoción o instinto, y quizás en una reacción a un poco de información cosechada hace mucho, la gente elige una posición y se ciñe a ella.

Cuando alguien está fuertemente posicionado en una opinión, es inevitable que resulte difícil cambiar su mentalidad. Así pues, aunque podría pensarse que es fácil cambiar las mentalidades de la gente que no ha pensado mucho en una cuestión, no hemos visto ninguna prueba de eso. Incluso en temas que no preocupan mucho a la gente puede ser difícil conseguir su atención para provocar un cambio.

Richard Thaler y Cass Sunstein, pioneros del movimiento del «empujoncito», reconocieron este dilema. Más que tratar de convencer a la gente de la valía de un objetivo —tanto si es conservar la energía, comer mejor o ahorrar dinero para la jubilación—, es más productivo engañarla con pistas sutiles o nuevos entornos predeterminados. ¿Tratas de mantener limpio el servicio de caballeros?[6] Claro, adelante, pon señales instando a la gente a orinar sin salpicar; o, mejor, pinta una mosca en el urinario y deja que se ocupe el instinto del macho de hacer puntería.

Entonces ¿cómo convencer a alguien que no quiere ser convencido?

El primer paso es apreciar que la opinión de tu oponente probablemente no se basa tanto en el hecho y la lógica como en la ideología y el pensamiento gregario. Si le insinúas esto a la cara, por supuesto lo negará. Él está funcionando desde un conjunto de sesgos que ni siquiera puede ver. Como ha escrito el sabio de la conducta Daniel Kahneman, «podemos ser ciegos a lo obvio, y también a nuestra ceguera».[7] Pocos somos inmunes a este punto ciego. Esto va por ti, y también por nosotros dos. Como lo expresó en cierta ocasión la leyenda del baloncesto Kareem Abdul-Jabbar, «es más fácil saltar de un avión —con fortuna, con un paracaídas— que cambiar de idea sobre una opinión».[8]

Vale, así pues, ¿cómo puedes conducir una discusión que pueda realmente hacer cambiar de opinión?

No soy yo; eres tú.

Cuando te prepares para convencer a alguien, recuerda que solo eres el productor del argumento. El consumidor tiene el único voto que cuenta. Tu argumento podría ser lógico e innegable, pero si no resuena en el receptor, no llegarás a ninguna parte. El Congreso estadounidense financió recientemente una campaña mediática de varios años a escala nacional para desalentar a los jóvenes a consumir drogas. Lo creó una reputada agencia de publicidad y lo promocionó una destacada empresa de relaciones públicas a un coste de casi mil millones de dólares. Pues bien, ¿cuánto crees que la campaña redujo el consumo de drogas entre los jóvenes; un diez por ciento, un veinte, un cincuenta?[9] Esto es lo que descubrió el *American Journal of Public Health*: «La mayoría de los análisis no muestran ningún efecto tras la campaña», y de hecho podría haber «algunas pruebas de que la campaña tuvo efectos a favor de la marihuana».

No pretendas que tu argumento sea perfecto.
Muéstranos una solución «perfecta» y te mostraremos nuestro unicornio doméstico. Si defiendes un argumento que promete todos los beneficios y ningún coste, tu interlocutor nunca se lo creerá, ni debería. Las panaceas son casi inexistentes. Si tratas de cubrir los defectos de tu plan, eso solo dará al otro una razón para dudar del resto.

Digamos que te has convertido en fanático defensor de una nueva tecnología que crees que cambiará el mundo. Tu argumento es el siguiente:

La era del coche que se conduce solo[10] —alias el coche sin chófer o vehículo autónomo— está a la vuelta de la esquina, y deberíamos aceptarlo con la máxima convicción. Salvará muchísimas vidas y mejorará todas las facetas de la sociedad y la economía.

Podrías seguir y seguir por este camino. Podrías hablar de cómo el reto más duro —la tecnología en sí— ya ha sido conquistado en gran medida. Prácticamente todos los grandes fabricantes de automóviles del mundo, así como Google, han probado con éxito coches que llevan un ordenador a bordo, GPS, cámaras, radar, escáneres láser y mecanismos para hacer todo lo que puede hacer un conductor humano, pero mejor. Y como en torno al 90 % de las muertes de tráfico del mundo,[11] 1,2 millones de víctimas cada año (sí, ¡1,2 millones de muertos cada año!),[12] son el resultado de un error de conducción, el coche sin conductor podría ser uno de los mayores salvavidas de la historia reciente. A diferencia de los humanos, un coche sin conductor no puede conducir mareado o borracho, ni mientras envía mensajes de texto o se pone rímel; no cambiará de carril mientras pone kétchup en un cucurucho de patatas fritas ni se dará la vuelta para reñir a los niños en el asiento de atrás.

Google ya ha conducido su flota de coches autónomos más de 800.000 kilómetros por carreteras reales de Estados Unidos sin causar ni un solo accidente.[13] * Sin embargo, la seguridad no es el único beneficio. Gente anciana o con discapacidad no tendrían que conducir para ir al médico (o, si lo prefieren, a la playa). Los padres no tendrían que preocuparse por que sus hijos adolescentes imprudentes se pongan al volante. La gente podría beber tranquilamente al salir de noche; buenas noticias para los restaurantes, bares e industria del alcohol. Como un coche sin conductor puede fluir a través del tráfico de manera más eficaz, la congestión de carreteras y la contaminación probablemente se reducirían. Y si se pudiera pedir que un coche sin conductor nos recogiera o dejara en un sitio, ya no tendríamos que aparcar en nuestro destino, liberando millones de hectáreas de gran valor inmobiliario. En muchas ciudades de Estados Unidos, del 30 al 40 % de la superficie del centro de la ciudad está dedicada a aparcamientos.[14]

* En la acumulación de esos 800.000 kilómetros, los coches sin conductor de Google estuvieron involucrados en dos accidentes, pero en ambos casos el coche no iba en modo de autoconducción sino que lo conducía un ser humano. En el primero, el coche de Google fue embestido por detrás en un semáforo; en el segundo, el conductor de Google tuvo un pequeño choque mientras conducía el vehículo manualmente.

Bueno, todo esto suena perfecto, ¿no?

Pero por supuesto ninguna tecnología nueva es perfecta, más aún algo tan inmenso como una revolución de coches sin conductor. Así pues, si quieres que tu argumento se tome en serio, harás bien en reconocer los problemas potenciales.

Para empezar, la tecnología podría ser milagrosa, pero sigue en fase experimental y podría no ser nunca tan buena como se prometió. Cierto, los sensores de un coche sin conductor pueden distinguir fácilmente un peatón de un árbol, pero hay muchas otras cuestiones a superar. Los ingenieros de Google reconocen esto: «Necesitaremos dominar carreteras cubiertas de nieve, interpretar señales de tráfico temporales y manejar otras situaciones complejas que muchos conductores encuentran.»

Habrá incontables trabas legales, de responsabilidad y prácticas, incluyendo el hecho de que mucha gente podría no confiar nunca en que un ordenador conduzca a sus seres queridos.

Y ¿qué ocurre con toda la gente que conduce para ganarse la vida? Casi el 3 % de la población activa de Estados Unidos —alrededor de 3,6 millones de personas— alimentan a sus familias conduciendo taxis, ambulancias, autobuses, furgonetas de reparto, camiones y otros vehículos.[15] ¿Qué se supone que harán cuando esta nueva tecnología acabe con su modo de vida?

¿Qué más podría ir mal en un futuro sin conductores? Difícil predecirlo. El futuro es casi impredecible. Esto no impide que muchos responsables políticos y tecnólogos simulen lo contrario. Nos piden que creamos que sus últimos proyectos —ya sea una ley o un programa informático— funcionaran exactamente como se planearon. Rara vez ocurre. Por tanto, si quieres que tu argumento sea verdaderamente convincente, será mejor que reconozcas no solo los errores conocidos, sino también las potenciales consecuencias no intencionadas. Por ejemplo:

Cuando el incordio y el coste de conducir disminuyan, ¿usaremos tanto los coches sin conductor que produciremos incluso más congestión y contaminación?

Cuando conducir ebrios ya no sea una preocupación, ¿se dispararán las borracheras?

¿Una flota de coches controlados por ordenador no sería vulnerable a los *hackers*? ¿Y qué ocurriría si algún ciberterrorista hiciera que todos los vehículos al oeste del Misisipí giraran hacia el Gran Cañón?

¿Y si, en un hermoso día de primavera, un coche mal programado arrasa el patio de una escuela y mata a una docena de niños?

Reconoce las fortalezas del argumento de tu oponente.

Si estás tratando de convencer a alguien, ¿por qué demonios vas a querer dar crédito a su argumento?

Una razón es que el argumento opuesto casi con certeza tiene algún valor, algo que puedes aprender y usar para fortalecer tu propio argumento. Esto puede parecerte difícil de aceptar porque estás muy volcado en tu argumento, pero recuerda: somos ciegos a nuestra ceguera.

Además, si tu oponente ve que su argumento es desdeñado, tampoco atenderá al tuyo. Podría gritarte y tú podrías gritarle, pero es difícil convencer a alguien con quien ni siquiera puedes mantener una conversación.

Vuelve a pensar en el coche sin conductor que acaba de atropellar a un montón de alumnos. ¿Sirve de algo dar por sentado que esos accidentes no ocurrirán? La muerte de esos niños horrorizaría a todo el mundo, y para los padres de las víctimas la propia idea de un coche sin conductor podría convertirse en repugnante.

Pero consideremos un grupo de padres diferentes: aquellos cuyos niños mueren actualmente en accidentes de tráfico. Alrededor del mundo, unos 180.000 niños mueren cada año por esta causa, o sea, unos 500 al día. En los países ricos[16] es de lejos la primera causa de muerte de niños de entre cinco y catorce años, superando a las siguientes cuatro causas —leucemia, ahogamiento, violencia y heridas autoinfligidas— combinadas. Solo en Estados Unidos, los accidentes de tráfico matan anualmente a más de 1.100 niños de menos de quince años, y hay otros 171.000 heridos.

¿Cuántos niños podría salvar un coche sin conductor? Imposible saberlo. Algunos predicen que con el tiempo casi desaparecerían las muertes de tráfico, aunque parece una convicción demasiado optimista. Digamos que el coche sin conductor bajaría la tasa de muertes en un 20 %. Eso ahorraría 240.000 vidas en el mundo cada año, incluidos 36.000 niños, y otros tantos padres y madres que no tendrían que sufrir. Y la muerte es solo una parte de ello. Alrededor de cincuenta millones de personas al año resultan heridas o incapacitadas por accidentes de tráfico, y el coste económico es aterrador: más de medio billón de dólares anuales. Sería maravilloso reducir esas cifras en «solo» un 20 %.

Por consiguiente, sí, debemos reconocer el sufrimiento de los padres cuyos hijos murieron cuando el coche sin conductor se volvió loco en el patio de la escuela. Pero también debemos reconocer que nos hemos habituado al sufrimiento de miles de personas cada día por choques de coche.

¿Cómo ocurrió esto? Quizá simplemente aceptamos

el riesgo porque el coche es una herramienta maravillosa y necesaria. O quizá porque las muertes de tráfico son un lugar común —la mayoría de ellas apenas salen en las noticias— y, salvo en los casos más aterradores, no concitan nuestra atención, simplemente no pensamos en ellos.

En julio de 2013, un vuelo de Asiana Airlines de Corea del Sur se estrelló en el aeropuerto de San Francisco, con el resultado de tres muertos. El accidente fue protagonista en todos los medios del país. El mensaje era claro: viajar en avión puede ser letal. Pero ¿cómo se compara con el viaje en coche? Antes del accidente de Asiana, habían pasado más de cuatro años sin víctimas mortales en vuelos comerciales en Estados Unidos. Durante este período de cero muertes en líneas aéreas,[17] más de 140.000 estadounidenses murieron en accidentes de tráfico.*

¿Qué clase de persona podría oponerse a una nueva tecnología que salve aunque solo sea una fracción de esas vidas? Solo un misántropo, un troglodita o un idiota rematado.

Guárdate los insultos para ti.
Bien, ahora has llamado a tus oponentes misántropos, trogloditas e idiotas. ¿Hemos mencionado que insultar es una idea pésima si quieres convencer a alguien que no

* Por inmensa que sea la diferencia entre muertes en accidentes de coche y avión, deberíamos señalar que no hay mucha variación en el índice de muertes por kilómetro, porque la gente recorre muchos más kilómetros en coche que en aviones. En un año cualquiera, los conductores de Estados Unidos recorren casi cinco billones de kilómetros (y eso no incluye los kilómetros recorridos por los pasajeros), mientras que los pasajeros de Estados Unidos vuelan unos 910.000 kilómetros.

quiere ser convencido?[18] En cuanto a pruebas, no mires más allá del Congreso estadounidense, el cual en años recientes ha funcionado menos como un cuerpo legislativo que como un rebaño trastornado de campistas de verano en una interminable guerra de insultos.

Los seres humanos, pese a todos nuestros logros, podemos ser animales frágiles. La mayoría no nos tomamos bien las críticas. Numerosas investigaciones recientes han demostrado que la información negativa «pesa más en el cerebro»,[19] como lo expresó un equipo de investigadores. Un segundo equipo hizo una afirmación todavía más contundente: en la psique humana, «lo malo es más fuerte que lo bueno».[20] Esto significa que los sucesos negativos —crímenes horribles, accidentes espantosos y males dramáticos— causan una honda impresión en nuestra memoria.[21] Esto podría explicar por qué somos tan malos valorando riesgos, y tan rápidos en sobrevalorar peligros raros (como un accidente de avión en San Francisco que mata a tres personas). También significa que, para la mayoría de la gente, el dolor de una retroalimentación negativa superará al placer de una retroalimentación positiva.

Consideremos un estudio reciente de profesores alemanes.[22] Resulta que los profesores tienen muchas más probabilidades de jubilarse anticipadamente que otros empleados públicos en Alemania, y el principal culpable es la salud mental. Un equipo de investigadores médicos trataron de determinar la causa de estos problemas psicológicos. Analizaron diversos factores: la carga de la enseñanza y el número de alumnos por clase, así como las interacciones del profesor con colegas, estudiantes y padres. Un factor emergió como el que mejor pronosticaba los problemas psicológicos: si un profesor había sido insultado verbalmente por sus estudiantes.

Así que si estás esperando dañar la salud mental de tu oponente, adelante, dile lo cazurro, tonto o desagradable que es. Pero aunque tengas razón en todo, no pienses que lograrás convencerlo. Insultar te convertirá en enemigo, no en aliado, y si ese es tu objetivo, entonces probablemente lo que buscabas no era convencer.

Por qué deberías contar historias.
Hemos reservado para el final la forma de convicción más poderosa. Claro, es importante reconocer los fallos en tu argumento y guardarte los insultos para ti, pero si de verdad quieres convencer a alguien que no quiere ser convencido, deberías contarle una historia.

Por «historia» no nos referimos a una «anécdota». Una anécdota es un retrato, un fragmento unidimensional de la gran imagen. Carece de escala, perspectiva y datos. (Como suelen decir los científicos, el plural de anécdota no es datos.) Una anécdota es algo que una vez te ocurrió a ti, o a tu tío o al contable de tu tío. Es con mucha frecuencia un valor atípico, la excepción memorable con la que se sale en un intento de cuestionar una verdad mayor. El contable de mi tío conduce borracho todo el tiempo y nunca ha tenido ningún accidente, entonces ¿qué peligro tiene conducir borracho? Las anécdotas con frecuencia representan la forma más baja de persuasión.

Una historia, en cambio, llena la imagen. Utiliza datos, estadísticos u otros, para producir una sensación de magnitud; sin datos, no tenemos ni idea de cómo encaja una historia en el conjunto de circunstancias. Una buena historia también incluye el paso del tiempo, para mostrar el grado de constancia o cambio; sin un marco temporal, no podemos juzgar si estamos buscando algo verdaderamente digno de mención o solo una anomalía menor. Y una historia presenta una serie de sucesos encadenados para mostrar las causas que conducen a una situación particular y las consecuencias resultantes.

No todas las historias son ciertas. Mucha sabiduría convencional está basada únicamente en una historia que, de tanto repetirse —con frecuencia por propio interés—, es tratada como un evangelio. Así pues, siempre vale la pena cuestionar en qué historia se basa una certidumbre y qué significa realmente.

Veamos una historia, por ejemplo, que hemos oído durante muchos años: la obesidad epidémica es el resultado de demasiada gente comiendo demasiada comida grasienta. Eso suena bien, ¿no? Si estar gordo es malo, entonces comer grasa también debe ser malo.[23] ¿Por qué en inglés el componente nutricional y el sobrepeso iban a tener el mismo nombre (*fat*) si el componente no causara el sobrepeso? Esta es la historia que propulsó un millón de dietas y productos bajos en grasa, muchas veces promovidos por el mismo gobierno de Estados Unidos.

Pero ¿es verdad?

Hay al menos dos problemas con esta historia: 1) un corpus creciente de pruebas sugiere que comer grasa es bastante bueno para el organismo, al menos ciertos tipos de grasa y con moderación, y 2) cuando la gente dejó de comer grasa empezó a consumir más azúcar y más carbohidratos que los que el cuerpo puede asimilar, lo cual, como sugieren la pruebas, es una enorme causa de obesidad.

El hecho de que incluso las historias inciertas puedan ser convincentes es una prueba del poder de contar una historia. Dicho esto, te animamos a que uses toda la verdad que puedas en tus intentos de convencer.

¿Por qué las historias son tan valiosas?

Una razón es que una historia ejerce un poder más allá de lo obvio. El conjunto es mucho mayor que la suma de las partes —los hechos, los sucesos, el contexto— y una historia crea una resonancia profunda.

Las historias también apelan al narcisismo. Cuando una historia se desarrolla, con sus personajes moviéndose a través del tiempo y tomando decisiones, inevitablemente nos ponemos en su piel. «Sí, yo habría hecho eso también», o «No, nunca habría tomado esa decisión».

Quizá la mejor razón para contar historias es simplemente que cautivan nuestra atención y por ende son buenas para enseñar y aprender. Pongamos que hay una teoría o concepto o conjunto de reglas que necesitas transmitir. Mientras que alguna gente tiene la capacidad de entender directamente un mensaje complejo —ingenieros, científicos, etc.—, la mayoría enseguida desconectamos si un mensaje es demasiado clínico o técnico.

Este fue el problema al que se enfrentó Steve Epstein, que entonces era abogado del Departamento de Defensa. Como jefe de la Oficina de Criterios de Conducta, Epstein tuvo que informar en varios departamentos del gobierno de la clase de cosas que sus empleados estaban autorizados a hacer o no. «El problema es mantener esa formación fresca, mantenerla relevante —dice Epstein—. Y para hacer eso descubrimos que la primera cosa que tienes que hacer es entretener a la gente lo suficiente para que preste atención.»

Epstein descubrió que la enumeración directa de las reglas y normativas no funcionaría. Así que creó un libro de historias verdaderas llamado *The Encyclopedia of Ethical Failure*.[24] Es un catálogo de las meteduras de pata épicas perpetradas por trabajadores federales, dividido en capítulos útiles como «Abuso de posición», «Cohecho» «Conflictos de intereses» y «Violaciones de actividad política». La *Encyclopaedia* es una de las publicaciones gubernamentales más entretenidas (lo cual, para ser justo, no es decir mucho). Tuvimos noticia del «empleado federal emprendedor» que «una noche acercó la furgoneta a la puerta de la oficina y robó todos los equipos informáticos» y al día siguiente «trató de liquidarlos en una venta de garaje». Aprendimos que «un oficial militar fue reprendido por fingir su propia muerte para poner fin a una aventura». También estaba la empleada del Departamento de Defensa que usaba su despacho en el Pentágono para vender propiedades inmobiliarias. (Cuando la pillaron, dejó el Departamento de Defensa para dedicarse a las ventas inmobiliarias a tiempo completo.)

Lo que demostró la *Encyclopedia*, al menos a Steve Epstein y sus colegas del Pentágono, es que una regla causa una impresión mucho más fuerte cuando la historia que la ilustra está alojada en tu mente.

La misma lección puede aprenderse de uno de los libros más leídos de la historia: la Biblia. ¿De qué trata? La gente responderá esa pregunta de manera diferente. Pero podríamos estar todos de acuerdo en que la Biblia contiene quizás el conjunto de reglas más influyente en la historia humana: los Diez Mandamientos.[25] Se convirtieron en la base no solo de la tradición judeocristiana, sino de muchas sociedades. Por tanto, seguramente la mayoría de nosotros podemos recitarlos del primero al último, del último al primero y en cualquier combinación, ¿verdad?

Muy bien, pues, adelante, recita los Diez Mandamientos. Te daremos un minuto para poner en marcha tu memoria.

...

...

...

Vale, aquí están tal como aparecen en el Éxodo:

1. Yo soy el Señor tu Dios que te ha sacado de la tierra de Egipto, de la casa de la esclavitud.
2. No tendrás otros dioses delante de mí.
3. No tomarás en vano el nombre del Señor tu Dios.
4. Acuérdate de santificar el día del sábado.
5. Honra a tu padre y a tu madre.
6. No matarás.
7. No fornicarás.
8. No robarás.
9. No levantarás falso testimonio contra tu prójimo.
10. No codiciarás la casa de tu prójimo. No desearás su mujer, ni esclavo, ni esclava, ni buey, ni asno, ni cosa alguna de las que le pertenecen.

¿Cómo te ha ido? Probablemente, no muy bien. Pero no te preocupes, suele suceder. Una encuesta reciente descubrió que solo el 14 % de los estadounidenses adultos logra recordar los Diez Mandamientos y solo el 71 % consigue nombrar al menos uno. (Los tres mejor recordados son los números 6, 8 y 10 —asesinato, robo y codicia—, mientras que el número 3, pronunciar el nombre de Dios en vano, ocupa el último lugar.)

Quizá pienses que esto no habla tanto de las reglas bíblicas como de lo mala que es nuestra memoria. Pero considera esto: en la misma encuesta, el 25 % de los que respondieron podían citar los siete ingredientes principales de un Big Mac, y un 35 % conocía los nombres de los seis niños de *La tribu de los Brady*.[26]

Si lo hemos pasado tan mal recordando el conjunto de reglas más famoso del que quizás es el libro más famoso de la historia, ¿qué recordamos de la Biblia?

Las historias. Recordamos que Eva alimentó a Adán con una manzana prohibida y que uno de sus hijos, Caín, mató al otro, Abel. Recordamos que Moisés separó el mar Rojo para sacar a los israelitas de su cautiverio. Recordamos que a Abraham le ordenaron sacrificar a su propio hijo en una montaña; e incluso recordamos que el rey Salomón resolvió una disputa de maternidad amenazando con cortar un bebé por la mitad. Estas son historias que contamos una y otra vez, incluso aquellos que no somos remotamente «religiosos». ¿Por qué? Porque se nos quedan grabadas, nos acompañan, nos convencen de considerar la constancia y las fragilidades de la experiencia humana de un modo en que las simples reglas no pueden hacerlo.

Considera una historia más de la Biblia, sobre el rey David.[27] Se acostó con una mujer casada, Betsabé, y la dejó embarazada. Para encubrir su transgresión, David organizó que el marido de Betsabé, un soldado, muriera en la batalla. David tomó entonces a Betsabé como esposa.

Dios envió a un profeta llamado Natán para dar a conocer a David que su conducta no era aceptable. Pero ¿cómo transmite un profeta menor semejante mensaje al rey de Israel?

Natán le cuenta la historia de dos hombres, uno rico y el otro pobre. El rico tenía enormes rebaños de ovejas; el pobre solo tenía un cordero, al que trataba como un miembro de su familia.

Un día llegó un viajero. El hombre rico, le contó Natán al rey David, se alegró de poder alimentar al viajero, pero no quería coger una oveja de su propio rebaño. Así que cogió el único cordero del hombre pobre, lo sacrificó y se lo sirvió al viajero.

La historia enfurece a David:

—El hombre que hizo eso merece morir —dice.

—Ese hombre eres tú —replica Natán.

Caso cerrado. Natán no reprendió a David restregándole las reglas —no codicies a la mujer del vecino, no mates, no cometas adulterio—, aunque David había infringido las tres. Simplemente le contó la historia de una oveja. Muy convincente.

Todo lo que hacemos en este libro, en realidad, es contar historias: sobre un campeón de comer *hot dogs*, una detección de úlcera, un hombre que quería ofrecer cirugía estética gratuita a los niños más pobres del mundo. Hay por supuesto un millón de variantes de cómo puede contarse una historia: los datos utilizados, el ritmo, el flujo, el tono, el punto en que se va al grano, tal como señaló el gran Antón Chéjov.[28] Hemos contado estas historias para convencerte de que pienses como un freak. Quizá no hemos tenido pleno éxito, pero si has leído hasta aquí significa que tampoco hemos fracasado del todo.

En ese caso, te invitamos a escuchar una historia más. Es sobre un consejo clásico que casi todo el mundo ha recibido en un momento u otro, y sobre por qué no deberías hacerle caso.

9

Las ventajas de abandonar

Pese a los años transcurridos, las palabras siguen resonando: «Nunca os rindáis, nunca os rindáis, nunca, nunca, nunca, en nada, grande o pequeño, valioso o insignificante.»[1]

El orador era el primer ministro británico Winston Churchill y el lugar, Harrow, el internado de su juventud. Pero no se trataba de una charla motivacional cualquiera dada por un hombre como él a chicos como aquellos para instarles a centrarse en sus estudios. La fecha era el 29 de octubre de 1941, en plena Segunda Guerra Mundial.

El ejército de Hitler había devorado enormes pedazos de Europa y más allá. El Reino Unido era su único gran oponente —Estados Unidos todavía no había entrado en el conflicto— y, en consecuencia, había pagado el precio. La aviación alemana había bombardeado Gran Bretaña sin cesar durante meses, matando a decenas de miles de civiles. Se comentaba que estaba preparándose una invasión alemana por mar.

La situación había mejorado últimamente, pero seguía resultando imposible saber si el Reino Unido repelería a Alemania o si existiría siquiera al cabo de unos años. Así pues, las palabras de Churchill ese día en Harrow —nunca os rindáis, nunca, nunca, nunca— adoptaron una urgencia y una magnitud que inspiró no solo a aquellos chicos, sino a millones de personas en años venideros.

El mensaje es inequívoco: el fracaso podría ser una opción, pero rendirse no. La versión norteamericana dice así: «El que abandona nunca gana y el que gana nunca abandona.»[2] Abandonar es revelarse como un cobarde, un haragán, un individuo de personalidad limitada, un perdedor. ¿Quién podría discutir eso?

Un freak, claro.

Por supuesto, si eres primer ministro de una gran nación seriamente amenazada, luchar hasta la muerte es la mejor opción. Pero para las personas corrientes no suele haber tanto en juego. Hay, de hecho, una enorme ventaja en abandonar si lo haces bien, y te proponemos que lo intentes.

Llevas ya un tiempo con eso, sea lo que sea «eso»: un trabajo, una actividad académica, una nueva empresa, una relación, un proyecto de beneficencia, una carrera militar, un deporte. Quizás es un proyecto soñado en el que llevas tanto tiempo que ni te acuerdas de lo que te hizo soñar con ello la primera vez. En tus momentos de sinceridad, es fácil ver que las cosas no están funcionando. Así pues, ¿por qué no lo has dejado?

Al menos tres fuerzas nos inclinan a no abandonar. La primera es una vida entera oyendo a los aprendices de Churchill decirnos que abandonar es una señal de fracaso.

La segunda es la idea del «coste perdido». Este concepto económico es exactamente eso: el tiempo o dinero o esfuerzo que ya has invertido en un proyecto. Es tentador creer que una vez que has invertido mucho en algo es contraproducente abandonarlo. Esto se conoce como la «falacia del coste perdido» o, como lo llamó el biólogo Richard Dawkins, «la falacia del Concorde».[3] Los dos impulsores, los gobiernos británico y francés, sospechaban que el Concorde no era económicamente viable, pero habían gastado demasiados miles de millones para abandonar. En tiempos más sencillos, esto se conocía como «tirar más dinero en balde», pero el dinero no es desde luego el único recurso que la gente malgasta en la trampa del coste perdido. Piensa en todo el tiempo, ideas y capital social o político que continúas gastando en un compromiso solo porque no aceptas dejarlo.

La tercera fuerza que impide que la gente abandone es una tendencia a concentrarse en costes concretos y prestar escasa atención al «coste de oportunidad». Esta es la noción de que por cada dólar u hora o neurona que gastas en una cosa, pierdes la oportunidad de dedicarlo a otra cosa. Los costes concretos son normalmente más fáciles de calcular, pero el coste de oportunidad es más difícil.[4] Si quieres volver a la facultad para obtener un doctorado, sabes que te costará dos años y 80.000 dólares, pero ¿qué podrías hacer con ese tiempo y dinero si no estás en la facultad? O digamos que has participado en carreras de atletismo durante años y eso sigue siendo una parte importante de tu identidad, pero ¿qué otra cosa podrías conseguir si no estuvieras golpeando forzando tus articulaciones veinte horas a la semana? ¿Quizás algo que hiciera tu vida y la de otros más completas, más productivas, más emocionantes? Tal vez. Si no estuvieras preocupado por el coste perdido. Si pudieras abandonar.

Seamos claros: no estamos proponiendo que lo dejes todo para no hacer nada, para pasarte el día en el sofá comiendo patatas fritas y viendo la tele. Pero si te ciñes a un proyecto o una relación o una mentalidad que no funciona, y si el coste de oportunidad parece superar el coste perdido, te mostraremos algunas formas de pensar en abandonar en serio.

Abandonar es duro en parte porque se equipara al fracaso, y a nadie le gusta fracasar, o al menos ser visto como un fracasado. Pero ¿el fracaso es necesariamente tan terrible?

No lo creemos. Por cada investigación de proyectos de Freakonomics que abordamos, unos nueve los abandonamos en un mes. Por la razón que sea, resulta que no somos las personas adecuadas para ellos. Los recursos no son infinitos: no puedes resolver el problema de mañana si no estás dispuesto a abandonar la calamidad de hoy.

Y el fracaso no debería considerarse una pérdida total. Una vez que empieces a pensar como un freak y a hacer experimentos, descubrirás que los fracasos pueden proporcionar información valiosa. El anterior alcalde de Nueva York, Michael Bloomberg, lo comprendió.[5] «En medicina, o en ciencia, [si] recorres un camino y resulta ser un callejón sin salida, realmente has hecho una contribución, porque sabemos que no hemos de recorrer ese camino otra vez. En la prensa lo llaman fracaso. Y por eso la gente no está dispuesta a innovar ni a correr riesgos en el gobierno.»

La civilización es una cronista del éxito agresiva y casi maníaca. Esto es comprensible, pero ¿no nos iría mejor si el fracaso no acarreara un estigma tan grande? Alguna gente así lo cree. Llegan hasta el punto de celebrar sus fracasos con una fiesta y un pastel.

Intellectual Ventures es una empresa tecnológica con sede cerca de Seattle con una actividad inusual.[6] El principal negocio de IV consiste en adquirir y vender patentes de alta tecnología, pero también dirige un taller de inventor anticuado. Algunos inventos se originan en casa mientras que otros se sueñan en algún garaje al otro lado del mundo. Las ideas van desde una nueva variedad de reactor nuclear a una unidad de almacenamiento portátil superaislante para repartir vacunas perecederas en el África subsahariana.

Cuando se trata de inventar, las ideas rara vez faltan. En una sesión de *brainstorming*, a los científicos de IV podrían ocurrírseles cincuenta ideas. «Es un hecho en el mundo de los inventos que la mayoría de las ideas no funcionarán —dice Geoff Deane, que dirige una laboratorio de IV donde se ponen a prueba las ideas viables—. Saber cuándo es el momento adecuado para abandonar es un desafío perpetuo.»

La primera ronda de selección la lleva a cabo el ejército de analistas de negocios, técnicos y juristas de la empresa. Si una idea sobrevive ese corte, podría llegar al laboratorio de Deane, una selva de 50.000 m² de sierras, visores, láseres, tornos y ordenadores trucados. Emplea o alberga más de un centenar de personas.

Cuando un invento llega al laboratorio, dice Deane, hay dos fuerzas en juego. «Una fuerza quiere encontrar un ganador. La otra no quiere gastar una tonelada de dinero o tiempo en una idea que no será exitosa. La clave está en fracasar deprisa y barato. Eso es un mantra procedente de Silicon Valley. Yo prefiero la afirmación "fracasar bien" o "fracasar con inteligencia".»

Deane, un hombre optimista con una gran cabeza afeitada, tiene experiencia en ingeniería civil y mecánica de fluidos. La parte más dura de dirigir el laboratorio, dice, «consiste en preparar a la gente para que comprenda que el riesgo forma parte de su trabajo, y que si fracasan bien, tendrán autorización para fracasar otra vez. Si tratamos de gastar diez mil dólares en nuestros fracasos en lugar de diez millones, tendremos la oportunidad de hacer muchas más cosas». En ese contexto, explica Deane, el fracaso «tiene que reconocerse como una victoria».

Recuerda un invento en 2009 que parecía un caballo ganador. Era una «superficie autoesterilizable», una tecnología que usaba luz ultravioleta para eliminar microbios peligrosos. Solo en hospitales de Estados Unidos, miles de personas mueren cada año por infecciones que contraen de instrumental médico, pomos de puerta, interruptores, controles remotos y superficies de muebles. ¿No sería fantástico que todos esos elementos pudieran ser tratados con una capa que automáticamente eliminara las bacterias asesinas?

La superficie autoesterilizable se aprovechaba de dos fenómenos científicos —«reflejo interno total» y «efecto campo evanescente»— para exponer a los microbios intrusos a la luz ultravioleta y neutralizarlos. Para poner a prueba el concepto, científicos de IV escribieron libros blancos y modelos computacionales, cultivaron bacterias y construyeron prototipos. Había un entusiasmo tremendo con el proyecto. Nathan Myhrvold, uno de los fundadores de la empresa, empezó a hablar de ello en público.

¿Cómo fueron las pruebas? La superficie autoesterilizable resultó «altamente eficaz matando bacterias», dice Deane.

Esa era la buena noticia. La mala: la tecnología existente para comercializar el invento era demasiado cara. No había forma de que pudiera avanzar, al menos por el momento. «Estábamos por delante de los tiempos —dice Deane—. Teníamos que esperar a que el mundo fabricara leds más económicos.»

Los proyectos fracasan por toda clase de razones. En ocasiones, la ciencia no está bien; en ocasiones es la política la que se interpone. En este caso, la economía simplemente no cooperó. Pero Geoff Deane se sintió bien con el resultado. El trabajo había ido muy deprisa y había costado a la empresa solo 30.000 dólares. «Es muy fácil tener un proyecto como ese en marcha durante seis meses —dice—. La tecnología no estaba muerta en modo alguno, pero el proyecto necesitaba descansar un rato.»

Y así Deane hizo un velatorio a la vieja usanza. «Invitamos a todos a la cocina a comer un pastel y pronunciamos unas palabras de recuerdo —cuenta—. Alguien había hecho un ataúd. Lo llevamos fuera, a un túmulo de hierba, y pusimos una lápida.» Luego todos volvieron dentro para continuar con la fiesta. El éxito de asistencia fue notable, alrededor de cincuenta personas. «Cuando ofreces comida y alcohol gratis al final de la jornada, la gente tiende a aparecer», dice Deane.

Cuando el fracaso se demoniza, la gente tratará de evitarlo a toda costa; incluso cuando solo represente un contratiempo temporal.

Una vez asesoramos a una enorme cadena minorista multinacional que estaba planeando abrir su primera tienda en China. Los altos ejecutivos de la empresa estaban comprometidos con abrir a tiempo. Con unos dos meses de antelación, reunieron a los líderes de los siete equipos implicados en la inauguración y pidieron a cada uno un informe de estatus detallado. Todos los informes fueron positivos. A los jefes de equipo les pidieron entonces que eligieran una de tres señales —una luz verde, amarilla o roja— para indicar su seguridad respecto a que se llegaría a tiempo a la inauguración. Los siete eligieron la luz verde. ¡Gran noticia!

Resulta que esta empresa también había preparado un mercado de predicción interno, donde cualquier empleado podía anónimamente apostar una pequeña cantidad a diversas directrices de la empresa. Una apuesta preguntaba si la tienda china abriría a tiempo. Dado que los siete jefes de equipo habían dado luz verde, podías esperar que los apostantes fuesen similarmente osados. No lo fueron. El mercado de predicción mostró un 92 % de posibilidades de que la tienda no abriera a tiempo.

Adivina quién acertó, ¿los apostantes anónimos o los jefes de equipo que tuvieron que plantarse ante sus superiores?

La tienda china no abrió a tiempo.

Es fácil identificarse con los jefes que dieron luz verde al proyecto. Una vez que un jefe «se acelera» hace falta mucho valor para tener en cuenta fallos potenciales. La política institucional, el ego, el impulso, todo conspira contra ti. Y acelerarse puede tener consecuencias mucho más trágicas que el retraso en la inauguración de una tienda.

El 28 de enero de 1986, la NASA planeó lanzar el transbordador *Challenger*[7] desde el Centro Espacial Kennedy en Cabo Cañaveral, Florida. El lanzamiento ya se había retrasado varias veces. La misión había despertado un inmenso interés en la opinión pública, en gran medida porque entre la tripulación había una civil, una maestra de escuela de Nuevo Hampshire llamada Christa McAuliffe.

La noche anterior al lanzamiento, la NASA llevó a cabo una larga teleconferencia con ingenieros de Morton Thiokol, el contratista que construyó los motores del *Challenger*. Entre ellos estaba Allan McDonald, el responsable de Morton Thiokol en el lugar del lanzamiento. Hacía un frío inusual en Florida —una previsión de mínima nocturna de –8 °C—, así que McDonald y otros ingenieros de Morton Thiokol recomendaron que el lanzamiento se pospusiera otra vez. El frío reinante, explicaron, podría dañar las juntas tóricas que impedían que los gases calientes escaparan de los propulsores del transbordador. Los propulsores nunca se habían probado por debajo de los 12 °C, y la previsión de la mañana pronosticaba temperaturas mucho más bajas.

En la llamada, la NASA cuestionó la recomendación de McDonald de un aplazamiento. A McDonald le sorprendió. «Fue la primera vez que el personal de la NASA cuestionó una advertencia de que no era seguro volar —escribió después—. Por alguna razón extraña, fuimos desafiados a demostrar fehacientemente que el lanzamiento fracasaría, cosa que no podíamos hacer.»

Como después recordó McDonald, su jefe en el cuartel general de Morton Thiokol en Utah interrumpió su llamada telefónica durante una media hora para discutir la situación con otros ejecutivos de la empresa. «Cuando Utah volvió al teléfono —escribió McDonald—, de alguna manera la decisión se había revertido.» El lanzamiento se había autorizado oficialmente.

McDonald estaba lívido, pero le habían desautorizado. La NASA pidió a Morton Thiokol que autorizara el lanzamiento. McDonald se negó; en cambio, su jefe accedió. A la mañana siguiente, el *Challenger* despegó como estaba previsto, pero estalló en pleno vuelo solo setenta y tres segundos después, causando la muerte de todos los tripulantes. La causa, como estableció después una comisión presidencial, fue el fallo de las juntas tóricas debido al frío reinante.

Lo que hace esta historia notoria —e incluso más trágica— es que los expertos habían previsto la causa exacta del fracaso. Puede pensarse que es muy raro que quienes deben tomar las decisiones conozcan con tal precisión el fallo fatal de un proyecto dado. Pero ¿lo es? ¿Y si hubiera una forma de mirar a hurtadillas cualquier proyecto para ver si está destinado al fracaso sin tener que pasar por un fracaso real?

Esa es la idea detrás de un «examen pre mórtem», como lo llama el psicólogo Gary Klein.[8] La idea es simple. Muchas instituciones ya llevan a cabo un examen post mórtem en proyectos fracasados, con la esperanza de saber exactamente lo que mató al paciente. Un pre mórtem trata de descubrir qué podría fallar antes de que sea demasiado tarde. Reúnes a todos los relacionados con un proyecto y les haces imaginar que se lanza y fracasa estrepitosamente. Entonces cada uno escribe las razones exactas del fallo. Klein ha descubierto que el pre mórtem puede ayudar a eliminar los fallos o dudas en un proyecto que nadie se habría atrevido a decir en voz alta.

Esto sugiere una forma de hacer un pre mórtem todavía más útil: ofrecer anonimato.

Parece sensato decir que el fallo no es necesariamente el enemigo del éxito, siempre y cuando se reconozca. Pero ¿qué hay de abandonar por completo? Está muy bien que prediquemos las ventajas de abandonar, que señalemos el coste de oportunidad y la falacia del coste perdido. Pero

¿hay alguna prueba real de que abandonar conduce a mejores resultados?

Carsten Wrosch, profesor de psicología en la Universidad de Concordia, ayudó a dirigir una serie de pequeños estudios para ver qué ocurre cuando la gente renuncia a objetivos «inalcanzables».[9] Desde luego, decidir si un objetivo es inalcanzable constituye probablemente el 90 % de la batalla. «Así es —confirma Wrosch—. Cuándo luchar y cuándo abandonar es la pregunta del millón de dólares.»

En todo caso, Wrosch descubrió que la gente que abandona sus objetivos inalcanzables experimentó beneficios físicos y psicológicos. «Muestran menos síntomas de depresión, menos afectaciones negativas con el tiempo —dice—. También presentan niveles de cortisona más bajos y niveles igualmente inferiores en respuesta inflamatoria sistémica, que es un marcador de la activación del sistema inmunitario. Y desarrollan problemas de salud física menores con el tiempo.»

La investigación de Wrosch es interesante, pero, seamos sinceros, no ofrece las pruebas abrumadoras que podrían necesitarse para cortar la cuerda. Si «merece la pena» abandonar es la clase de pregunta inevitablemente difícil de responder, al menos desde una perspectiva empírica. ¿Cómo pueden recopilarse los datos necesarios para responder a una pregunta así?

Lo mejor sería encontrar miles de personas a punto de abandonar y que no consiguen decidir cuál es el camino adecuado. Entonces, con un movimiento de varita mágica, enviarías una parte aleatoriamente elegida de esas personas por el camino de abandonar mientras que el resto seguiría adelante; y tú tendrías que sentarte y observar cómo se desarrollan sus vidas.

Por desgracia, esa varita no existe. (Al menos que nosotros sepamos. Quizás Intellellectual Ventures —o la NSA— está trabajando en ello.) Así que intentamos la segunda mejor opción. Creamos un sitio web, llamado Freakonomics Experiments,[10] y pedimos a la gente que pusiera su destino en nuestras manos. Esto es lo que decía la página:

TENGO UN PROBLEMA

En ocasiones te enfrentas a una decisión fundamental y simplemente no sabes qué hacer. Has considerado la cuestión desde todos los ángulos, pero, se mire como se mire, ninguna decisión parece la correcta.

Al final, sea lo que sea lo que elijas, será como lanzar una moneda al aire.

Ayúdanos dejando que Freakonomics Experiments lance esa moneda por ti.

Exacto: pedimos a la gente que nos dejara decidir su futuro lanzando una moneda al aire. Aseguramos su anonimato, les pedimos que nos contaran su dilema y luego lanzamos la moneda. (Técnicamente, era un lanzamiento de moneda digital que utilizaba un generador de números aleatorios, lo cual aseguraba su imparcialidad.) Cara significaba abandonar y cruz significaba continuar. También pedimos a los participantes que se conectaran dos meses después, y otra vez seis meses después, para comprobar si abandonar los había hecho más felices o menos.

Por extraño que parezca, al cabo de unos meses nuestra web había atraído mucha gente que se planteaba abandonar para lanzar más de 40.000 monedas. La relación entre hombres y mujeres era de 60-40; la edad promedio estaba por debajo de los treinta años. Un 30 % de los que aceptaban el lanzamiento de la moneda estaban casados y un 73 % vivían en Estados Unidos; el resto estaban esparcidos por el planeta.

Ofrecíamos un menú de decisiones en diversas categorías: profesional, educación, familia, salud, hogar, relaciones y «solo por diversión». Estas son algunas de las preguntas que se revelaron más populares:

¿Debería dejar mi trabajo?
¿Debería volver a la escuela?
¿Debería empezar una dieta?
¿Debería acabar con mi vicio?
¿Debería romper con mi novio/a?

No todas las decisiones eran técnicamente un «abandono». Lanzaríamos una moneda si alguien no podía decidirse a hacerse un tatuaje o a empezar un voluntariado o a probar con una cita por Internet. También dejábamos que la gente escribiera sus propias preguntas (aunque preparamos el *software* para bloquear algunas cuestiones, por ejemplo, cualquier cosa que contuviera «asesinato», «robo» o «suicidio»). Solo para que te hagas una idea, estas son algunas de las preguntas que recibimos:

¿Debería abandonar el ejército?
¿Debería dejar de consumir drogas ilegales?
¿Debería salir con mi jefe?
¿Debería dejar de acosar a la persona que amo?
¿Debería dejar la escuela secundaria?
¿Debería tener el cuarto hijo que mi marido desea?
¿Debería abandonar la fe mormona?

¿Debería convertirme al cristianismo?

¿Debería hacerme un *bypass* coronario o una angioplastia?

¿Debería ser banquero de inversión en Londres o un asociado de una empresa de capital de inversión en Nueva York?

¿Debería reequilibrar mi cartera de valores?

¿Debería reformar el cuarto de baño o terminar el sótano antes?

¿Debería asistir a la boda de mi hermana menor en Carolina del Norte?

¿Debería salir del armario?

¿Debería renunciar a mi sueño de ser músico?

¿Debería vender mi motocicleta?

¿Debería hacerme vegano?

¿Debería dejar que mi talentosa hija deje el piano?

¿Debería empezar un movimiento por los derechos de las mujeres libanesas en Facebook?

Estábamos atónitos de ver cuánta gente estaba dispuesta a poner su destino en manos de unos desconocidos con una moneda. Por supuesto, no habrían llegado a nuestra web si no estuvieran pensando ya en hacer un cambio. Tampoco podíamos obligarlos a obedecer la moneda. No obstante, el 60 % hizo lo que señaló la moneda, lo cual significa que miles de personas tomaron una decisión que no habrían tomado si la moneda hubiera caído al revés.

Previsiblemente, el lanzamiento de moneda tuvo menos impacto en algunas decisiones muy importantes, como dejar un empleo, pero incluso ahí tuvo cierto poder. La gente estaba especialmente dispuesta a seguir el veredicto de la moneda en las cuestiones siguientes:

¿Debería pedir un aumento de salario?
¿Debería dejar mi vicio?
¿Debería derrochar en algo divertido?
¿Debería apuntarme a un maratón?
¿Debería dejarme barba o bigote?
¿Debería romper con mi novio/a?

En esta última pregunta —la ruptura romántica— fuimos responsables de la disolución de unas cien parejas. (A los amantes plantados: ¡perdón!) Por otra parte, por la naturaleza de lanzar una moneda, también fuimos responsables de mantener unidas otras cien parejas que podrían haber roto si la moneda hubiera salido cara.

El experimento continúa y los resultados siguen llegando, pero tenemos suficientes datos para esbozar algunas conclusiones tentativas.

Algunas decisiones no parecen afectar en absoluto la felicidad de la gente. Un ejemplo: crecimiento del vello facial. (No podemos decir que esto fuera muy sorprendente.)

Otras decisiones hicieron a la gente considerablemente menos feliz: pedir un aumento de salario, derrochar en algo divertido y apuntarse a un maratón. Nuestros datos no nos permiten decir por qué estas decisiones hicieron a la gente infeliz. Podría ser que si pides un aumento y no lo consigues te sientas rencoroso. Y quizás entrenar para un maratón es mucho más atractivo en la teoría que en la práctica.

Algunos cambios, no obstante, sí que hicieron a la gente más feliz, incluidos dos de los abandonos más sustanciales: romper con un novio/a y dejar un empleo.

¿Hemos demostrado que la gente en promedio tiene más posibilidades de estar mejor si deja sus empleos, relaciones y proyectos? Ni por asomo. Pero tampoco hay nada en los datos que sugiera que abandonar conduzca a la desdicha. Por tanto, esperamos que la siguiente vez que te enfrentes a una decisión dura lo tengas en cuenta. O quizá simplemente lanzarás una moneda. Es cierto, podría parecer extraño cambiar tu vida sobre la base de un suceso completamente aleatorio. Podría parecer incluso más extraño abdicar de la responsabilidad de tomar tus propias decisiones. Pero poner tu fe en el lanzamiento de una moneda —incluso en una pequeña decisión— podría al menos vacunarte contra la creencia de que abandonar es necesariamente tabú.

Como señalamos antes, somos esclavos de nuestros propios sesgos. Quizá por eso nosotros dos estamos tan abiertos a abandonar. Hemos sido *abandonadores* en serie y estamos muy contentos de cómo nos han ido las cosas.

Uno de nosotros —Levitt, el economista— estaba muy seguro, desde los nueve años, de que sería jugador de golf profesional. Cuando no practicaba, fantaseaba con ser el siguiente Jack Nicklaus. Su progreso fue sustancial. A los diecisiete años se clasificó para el campeonato amateur estatal de Minnesota. Pero su pareja de juego en ese clasificatorio —un chico de catorce años bajito, retacón y de aspecto poco atlético— solía sacarle treinta o cuarenta metros y lo superó con claridad. Si no puedo ganar a este chico, pensó, ¿cómo voy a entrar en el circuito profesional? El sueño de una vida en el golf se cerró sumariamente.*

---

* En retrospectiva, Levitt quizá renunció con demasiada facilidad. Ese chico retacón de catorce años era Tim *Lumpy* Herron, que en el momento de escribir esto se aproxima a su vigésimo año en el PGA Tour, con unas ganancias acumuladas en su carrera de 18 millones de dólares.

Años después, se apuntó a un doctorado en Economía no porque pensara que una carrera en economía sería divertida, sino porque le daba la excusa para dejar un trabajo de consultoría de empresas que odiaba. Se centró en la economía política y su carrera iba bien. Solo un problema: la economía política no tenía ninguna gracia. Sí, era un campo «importante», pero el trabajo en sí era más seco que una pasa.

Parecía haber tres opciones:

1. Seguir adelante a pesar de todo.
2. Dejar la economía por completo y mudarse al sótano de mamá y papá.
3. Encontrar una nueva especialidad en la economía que no fuera tan aburrida.

La 1 era la decisión más fácil. Unas pocas publicaciones más y nuestro héroe probablemente conseguiría un puesto en un destacado departamento de economía. Esta opción explotaba lo que los académicos llaman el «sesgo del statu quo», una preferencia por mantener las cosas como están y, por supuesto, un sólido obstáculo a la idea de abandonar cualquier cosa. La 2 tenía algún atractivo intrínseco, pero, después de haberla intentado ya una vez sin mucho éxito, la descartó. La 3 le atraía. Pero ¿había alguna actividad que disfrutara capaz también de relanzar su carrera académica?

De hecho, la había: ver *Cops* en la tele. *Cops* fue uno de los primeros *reality shows* de la era moderna.* No, no

* Es interesante el hecho de que la idea de *Cops* llevaba años dando vueltas, pero no recibió el visto bueno hasta la huelga de guionistas de 1988. De repente, las cadenas estaban más interesadas en su

tenía mucha clase, y probablemente no era «importante», pero verlo era increíblemente divertido. Adictivo, incluso. Cada semana, los espectadores acompañaban a los policías de Baltimore o Tampa, o incluso de Moscú, persiguiendo borrachos revoltosos, ladrones de coches y abusadores de mujeres. El programa no era ni remotamente científico, pero te hacía pensar. ¿Por qué tantos criminales y sus víctimas son borrachos? ¿Funciona realmente el control de armas? ¿Cuánto dinero ganan los traficantes de drogas? ¿Qué es más importante: el número de policías o la táctica que usan? ¿Encerrar a los criminales reduce el índice de criminalidad, o simplemente alienta a criminales nuevos y más violentos a ocupar su lugar?

Ver unas docenas de horas de *Cops* suscitó suficientes preguntas para alimentar una investigación académica fascinante durante una década. (¡Quizá sentarse en un sofá a comer patatas fritas y ver la tele no es tan terrible!) Y así surgió un nuevo camino profesional: la economía del crimen. Era un mercado poco cultivado y, aunque mucho menos importante que la economía política, la macroeconomía o la economía del trabajo, podía mantener a este economista lejos del sótano de sus padres. Y así fue que dejó de intentar ser un economista importante.

El otro autor de este libro abandonó un sueño de infancia y un sueño de trabajo. Se dedicó a la música desde una edad temprana y en la facultad ayudó a formar una banda de rock, The Right Profile, nombre sacado de una canción del disco de The Clash *London Calling*. Objeto de

---

cinéma vérité. «Una serie sin narrador, sin presentador, sin guion, sin recreaciones, les sonaba muy bien entonces», recordó John Langley, cocreador del programa.

burla al principio, mejoró con el tiempo. En sus mejores días, sonaron como una mezcla burda de los Rolling Stones, Bruce Springsteen y algunos cantantes country. Al cabo de unos años, The Right Profile firmó un contrato con Arista Records y se puso en marcha.

Había sido extraordinariamente divertido llegar a este punto. Clive Davis, un productor musical de Arista, había escuchado a la banda en el CBGB, el mugriento club de Nueva York donde empezaron grupos como Ramones y Talking Heads. Después, Davis invitó al grupo a su elegante oficina y puso a Aretha Franklin al teléfono para que charlara con los chicos de las ventajas de Arista. Nuestra estrella del rock en ciernes tuvo más conversaciones profesionales sustanciales con Springsteen en persona, los meteóricos R.E.M. y otros héroes de la música. Fue embriagador estar tan cerca de su sueño de infancia. Y entonces lo abandonó.

En algún lugar del camino se dio cuenta de que, por estimulante que fuera subir al escenario con una guitarra y saltar como un maníaco, la vida real de una estrella de rock no le atraía. Desde fuera, buscar fama y fortuna parecía fantástico. Pero cuanto más tiempo pasaba con gente que realmente lo había logrado, más sabía que no era lo que deseaba. Significaba vivir en la carretera, sin mucho tiempo para la soledad; significaba una vida en el escenario. Se dio cuenta de que prefería sentarse en una sala tranquila con una ventana bonita y escribir historias, y por la noche ir a una casa con mujer y niños. Así que se dispuso a conseguirlo.

Esto le condujo a un curso de posgrado y a unos años de escribir cualquier cosa para la publicación que lo aceptara. Y entonces, como caído del cielo, llegó el *New York Times* a ofrecerle un trabajo soñado. Para el hijo de un periodista de una pequeña población, esto fue una buena fortuna increíble. En el primer año en el *Times* se pellizcaba cada día. Un año dio paso a cinco y entonces... abandonó otra vez. Por excitante y gratificante que pudiera ser el periodismo, se dio cuenta de que prefería ir a la suya, escribiendo libros como este.

Los dos hemos tenido más suerte y nos hemos divertido mucho escribiendo libros juntos. Lo cual, naturalmente, nos lleva a preguntarnos: ¿deberíamos seguir nuestro propio consejo sobre abandonar? Después de tres libros de Freakonomics, ¿podríamos tener algo más que decir que a alguien le interese? Podría ser hora de dirigirnos a nuestra web experimental y ver qué tiene que decir la moneda. Si no vuelves a oír hablar de nosotros, sabrás que ha salido cara...

Así pues, abandonar está en la esencia misma de pensar como un freak. O si esa palabra sigue asustándote, pensemos en ello como «dejarlo estar». Dejar estar la sabiduría convencional que nos atormenta. Dejar estar los límites artificiales que nos sujetan y el miedo a reconocer lo que no sabemos. Dejar estar los hábitos mentales que nos dicen que chutemos ajustado a uno de los postes aunque tengamos una mejor oportunidad chutando al centro.

Podríamos añadir que Winston Churchill, a pesar de su célebre consejo a los alumnos de Harrow, fue de hecho uno de los personajes menos perseverantes de la historia. Poco después de entrar en política cambió un partido por otro y luego abandonó el gobierno. Cuando se reincorporó, cambió de partido otra vez. Y cuando no abandonaba, lo echaban. Pasó años en el páramo político, denunciando la política contemporizadora británica con los nazis, y solo volvió al gobierno cuando el fracaso de esa política condujo a la guerra total. Churchill no retrocedió ni un paso ante Hitler, ni siquiera en los momentos más funestos; se convirtió «en el más grande de los líderes de guerra británicos»,[12] como lo expresó el historiador John Keegan. Quizá fue esa larga tradición de abandonar lo que ayudó a Churchill a construir la fortaleza de resistir cuando fue realmente necesario. Para entonces ya sabía lo que merecía la pena abandonar y lo que no.

Muy bien, ya hemos dado nuestra opinión. Como has visto, no hay balas mágicas. Lo único que hemos hecho es animarte a pensar de una forma diferente, con un poco más de libertad. Ahora es tu turno. Por supuesto, esperamos que hayas disfrutado de este libro. Pero nuestra mayor satisfacción sería que te ayudara, aunque fuera en menor medida, a arreglar algo que está mal, a librarte de alguna carga o incluso —si eso te gusta— a comer más *hot dogs*. Buena suerte, y haznos saber lo que se te ha ocurrido.* Habiendo llegado tan lejos, ahora tú también eres un freak. Así que estamos juntos en esto.

* Envíanos un mensaje a <ThinkLikeAFreak@freakonomics.com>.

Agradecimientos

Nuestra mayor gratitud, como siempre, para la maravillosa gente que nos deja contar sus historias en este libro y que nos abrió sus puertas, sus recuerdos y hasta sus libros de contabilidad.

Como siempre, Suzanne Gluck es nuestra estrella polar y Henry Ferris ha sido el hombre adecuado para el trabajo. Un millón de gracias a los dos y todos los demás de WME y William Morrow. También a Alexis Kirschbaum y el resto de la buena gente de Penguin U.K., presente y pasado.

Jonathan Rosen nos prestó otro par de ojos —exageradamente perceptivos— cuando nos hacían muchísima falta.

Bourree Lam fue incansable en la investigación y una ayudante omnipresente; Laura L. Griffin fue una excelente verificadora de datos.

Eh, Harry Walker Agency, ¡sois los mejores!

Un agradecimiento especial a Erin Robertson y a todos los del Becker Center y el Greatest Good; también al talentoso equipo de Freakonomics Radio: Chris Bannon, Collin Campbell, Gretta Cohn, Andrew Gartrell, Ryan

Hagen, David Herman, Diana Huynh, Suzie Lechten-
berg, Jeff Mosenkis, Chris Neary, Greg Rosalsky, Molly
Webster, Katherine Wells y todos los demás en WNYC.

De SDL: A la gente cercana a mí, gracias por todo; sois
mejores de lo que merezco.

De SJD: A Anya Dubner y Solomon Dubner y Ellen
Dubner: proporcionáis comodidad y alegría, piruetas y
nuez moscada, explosiones de amor, todos los días de mi
vida.

Notas

A continuación detallamos el material para las historias que hemos contado en este libro. Estamos agradecidos y en deuda con los muchos académicos, autores y otras personas en cuya investigación confiamos. También brindemos por Wikipedia. Ha mejorado de manera inconmensurable en los años que llevamos escribiendo libros; es extraordinariamente valiosa como primer paso para descubrir fuentes primarias en casi todos los temas. Gracias a todos los que han contribuido a ella de manera intelectual, económica o de otra forma.

1. ¿Qué significa pensar como un freak?

1. Véase Stephen J. Dubner: «Freakonomics Goes to College, Parts 1 and 2», Freakonomics Radio (30/7/2012 y 16/8/2012). En cuanto al valor de la universidad y el rendimiento de la inversión, el economista David Card ha escrito de manera amplia y clara sobre este tema. Véase también Ronald G. Ehrenberg: «American Higher Education in Transition», *Journal of Economic Perspectives*, 26, núm. 1 (invierno de 2012).
2. Véase Stephen J. Dubner: «The Church of Scionology»,

Freakonomics Radio (3/8/2011). Algunos de los trabajos relevantes son: Marianne Bertrand y Antoinette Schoar: «The Role of Family in Family Firms», *Journal of Economic Perspectives*, 20, núm. 2 (primavera de 2006); Vikas Mehrotra, Randall Morck, Jungwook Shim y Yupana Wiwattanakantang: «Adoptive Expectations: Rising Sons in Japanese Family Firms», *Journal of Financial Economics*, 108, núm. 3 (junio de 2013); y Francisco Pérez- González: «Inherited Control and Firm Performance», *American Economic Review*, 96, núm. 5 (2006).

3. Véase Stephen J. Dubner: «Whatever Happened to the Carpal Tunnel Epidemic?», Freakonomics Radio (12/9/2013). Basado en una investigación de Bradley Evanoff, doctor que estudia la medicina ocupacional en la Universidad de Washington; entre sus trabajos relevantes: T. Armstrong, A. M. Dale, A. Franzblau y B. Evanoff: «Risk Factors for Carpal Tunnel Syndrome and Median Neuropathy in a Working Population», *Journal of Occupational and Environmental Medicine*, 50, núm. 12 (diciembre de 2008).

4. Las estadísticas de esta sección se extrajeron de: Pierre-André Chiappori, Steven D. Levitt, Timothy Groseclose: «Testing Mixed-Strategy Equilibria When Players Are Heterogeneous: The Case of Penalty Kicks in Soccer», *The American Economic Review*, 92, núm. 4 (septiembre de 2002); véase también Stephen J. Dubner y Steven D. Levitt: «How to Take Penalties: Freakonomics Explains», *The Times* (Reino Unido) (12/6/2010). Respecto a la velocidad del balón de fútbol, véase Eleftherios Kellis y Athanasios Katis: «Biomechanical Characteristics and Determinants of Instep Soccer Kick», *Journal of Sports Science and Medicine*, 6 (2007). Gracias a Solomon Dubner por sus opiniones sobre este pasaje y por su gran interés en el fútbol.

5. Narrado por el incontenible e inimitable Justin Wolfers en Stephen J. Dubner: «Why Marry, Part 1», Freakonomics Radio (13-2-2014). Véase Betsey Stevenson y Wolfers: «Marriage and Divorce: Changes and Their Driving Forces», do-

cumento de trabajo NBER 12944 (marzo de 2007); Alois Stutzer y Bruno S. Frey: «Does Marriage Make People Happy, or Do Happy People Get Married?», documento de debate IZA (octubre de 2005).

6. Véase Stephen J. Dubner: «The Truth Is Out There ... Isn't It?», Freakonomics Radio (23-11-2011); basado en una investigación realizada por, entre otros, el Cultural Cognition Project.

7. Véase Stephen J. Dubner: «Riding the Herd Mentality», Freakonomics Radio (21/6/2012).

8. Como ocurre con muchas citas históricas, es difícil verificar la certeza de esta, pero al menos Shaw fue famoso durante su vida por haber dicho esto. En 1933, el *Reader's Digest* atribuyó la cita a Shaw, como hicieron otras muchas publicaciones. Gracias a Garson O'Toole de QuoteInvestigator.com, que proporcionó considerable ayuda para determinar la fuente de esta cita.

9. Véase Joseph J. Doyle Jr. y Steven D. Levitt: «Evaluating the Effectiveness of Child Safety Seats and Seat Belts in Protecting Children From Injury», *Economic Inquiry*, 48, núm. 3 (julio de 2010); Stephen J. Dubner y Levitt: «The Seat-Belt Solution», *The New York Times Magazine* (10/7/2005); Levitt y Dubner: *Superfreakonomics*, William Morrow, 2009.

10. Véase Christopher L. Weber y H. Scott Matthews: «Food-Miles and the Relative Climate Impacts of Food Choices in the United States», *Environmental Science & Technology*, 42, núm. 10 (abril de 2008); y Stephen J. Dubner: «You Eat What You Are, Part 2», Freakonomics Radio (7/6/2012).

11. Gracias a Rohan Silva por la invitación a esta reunión y a otras posteriores (¡aunque ya nunca más con el señor Cameron en persona!), así como a David Halpern y su Behavioral Insights Team.

12. Véase Nigel Lawson: *The View from No. 11: Memoirs of a Tory Radical*, Bantam Press, 1992.

13. Véase Adam Jurd: «Expenditure on Healthcare in the UK, 1997-2010», Office for National Statistics (2/5/2012).

14. Respecto a los datos biográficos de David Cameron, estamos especialmente agradecidos al libro de Francis Elliott y James Hanning: *Cameron: Practically a Conservative*, Fourth Estate, 2012, publicado originalmente como *Cameron: The Rise of the New Conservative, a thorough if somewhat tabloidy biography*.

15. Para una interesante discusión sobre la atención médica al final de la vida, véase Ezekiel J. Emanuel: «Better, if Not Cheaper, Care», *New York Times* (4/1/2013).

2. Las palabras más difíciles

1. Nuestro agradecimiento especial a Amanda Waterman, psicóloga del desarrollo en la Universidad de Leeds. Existe una corta pero interesante bibliografía sobre el tema de las preguntas sin respuesta, tanto para niños como para adultos, a la cual Waterman contribuye en gran medida. Véase Waterman y Mark Blades: «Helping Children Correctly Say 'I Don't Know' to Unanswerable Questions», *Journal of Experimental Psychology: Applied* 17, núm. 4 (2011); Waterman, Blades y Christopher Spencer: «Interviewing Children and Adults: The Effect of Question Format on the Tendency to Speculate», *Applied Cognitive Psychology*, 15 (2001); Waterman y Blades: «The Effect of Delay and Individual Differences on Children's Tendency to Guess», *Developmental Psychology*, 49, núm. 2 (febrero de 2013); Alan Scoboria, Giuliana Mazzoni e Irving Kirsch: «'Don't Know' Responding to Answerable and Unanswerable Questions During Misleading and Hypnotic Interviews», *Journal of Experimental Psychology: Applied*, 14, núm. 3 (septiembre de 2008); Claudia M. Roebers y Olivia Fernandez: «The Effects of Accuracy Motivation and Children's and Adults' Event Recall, Suggestibility, and Their Answers to Unanswerable Questions», *Journal of Cognition and Development*, 3, núm. 4 (2002).

2. Moynihan dijo esto en el Jerome Levy Economics Institute Conference del National Press Club de Washington, D. C. el 26 de octubre de 1995. Según Charles Clay Doyle, Wolfgang Mieder y Fred R. Shapiro: *The Dictionary of Modern Proverbs*, Yale University Press, 2012, la frase es original de Bernard M. Baruch.

3. Gracias a Ed Glaeser por plantear esta cuestión en una conferencia celebrada en la Universidad de Chicago en honor de Gary Becker en abril de 2006. Las cifras de la encuesta sobre el demonio son de European Values Study 1990: Integrated Dataset (EVS, 2011), GESIS Data Archive, Colonia. Las cifras del 11-S son de una encuesta de Gallup: «Blame for Sept. 11 Attacks Unclear for Many in Islamic World» (1/3/2012); véase también Matthew A. Gentzkow y Jesse M. Shapiro: «Media, Education and Anti-Americanism in the Muslim World», *Journal of Economic Perspectives*, 18, núm. 3 (verano de 2004).

4. A Niels Bohr le gustaba esta cita, que está fuertemente relacionada con un compatriota danés, el destacado dibujante Storm P., aunque es probable que la frase tampoco fuera suya.

5. Véanse Philip E. Tetlock: *Expert Political Judgment: How Good Is It? How Can We Know?*, Princeton University Press, 2005; y Stephen J. Dubner: «The Folly of Prediction», Freakonomics Radio (14/9/2011). En cuanto a las predicciones económicas, véase Jerker Denrell y Christina Fang: «Predicting the Next Big Thing: Success as a Signal of Poor Judgment», *Management Science*, 56, núm. 10 (2010); para las predicciones de la NFL, véase Christopher Avery y Judith Chevalier: «Identifying Investor Sentiment From Price Paths: The Case of Football Betting», *Journal of Business*, 72, núm. 4 (1999).

6. Véase «Guru Grades», CXO Advisory Group.

7. Véase Paul Krugman: «Why Most Economists' Predictions Are Wrong», *Red Herring* (junio de 1998). (Gracias a Internet Archive Wayback Machine.)

8. Las capitalizaciones bursátiles de Google, Amazon, Facebook y Apple se basan en los precios de las acciones a 11 de

febrero de 2014; los dieciocho países son: Australia, Brasil, Canadá, China, Francia, Alemania, India, Indonesia, Italia, Japón, México, Rusia, Corea del Sur, España, Holanda, Reino Unido, Estados Unidos y Turquía (véase CIA World Factbook).

9. Véase Clayton R. Critcher y David Dunning: «How Chronic Self-Views Influence (and Mislead) Self-Assessments of Task Performance: Self-Views Shape Bottom-Up Experiences with the Task», *Journal of Personality and Social Psychology*, 97, núm. 6 (2009). (Gracias a Danny Kahneman y Tom Gilovich por conducirnos a este trabajo.) Véase también Dunning y otros: «Why People Fail to Recognize Their Own Incompetence», *Current Directions in Psychological Science*, 12, núm. 3 (junio de 2003).

10. Véanse Iain A. McCormick, Frank H. Walkey y Dianne E. Green: «Comparative Perceptions of Driver Ability— A Confirmation and Expansion», *Accident Analysis & Prevention*, 18, núm. 3 (junio de 1986); y Ola Svenson: «Are We All Less Risky and More Skillful Than Our Fellow Drivers?», *Acta Psychologica*, 47 (1981).

11. Estamos agradecidos al estudio continuado de Anders Ericsson y sus numerosos colegas, gran parte de cuya investigación está recogida en Ericsson, Neil Charness, Paul J. Feltovich y Robert R. Hoffman: *The Cambridge Handbook of Expertise and Expert Performance*, Cambridge University Press, 2006; véase también Steven D. Levitt, John A. List y Sally E. Sadoff: «Checkmate: Exploring Backward Induction Among Chess Players», *American Economics Review*, 101, núm. 2 (abril de 2011); Chris Argyris: «Teaching Smart People How to Learn», *Harvard Business Review* (mayo de 1991). Nuestra definición de *ultracrepidarianismo* es de FreeDictionary.com.

12. Véase Linda J. Bilmes: «The Financial Legacy of Iraq and Afghanistan: How Wartime Spending Decisions Will Constrain Future National Security Budgets», Harvard Kennedy

School Faculty Research Working Paper Series RWP13-006 (marzo de 2013); Amy Belasco: «The Cost of Iraq, Afghanistan, and Other Global War on Terror Operations Since 9/11», Congressional Research Service (29/3/2011).

13. Véanse Robert D. McFadden: «Harold Camping, Dogged Forecaster of the End of the World, Dies at 92», *New York Times* (17/12/2013); Dan Amira: «A Conversation with Harold Camping, Prophesier of Judgment Day», *Daily Intelligencer* (blog), *New York Magazine* (11/5/2011); Harold Camping: «We Are Almost There!», Familyradio.com. (Gracias a Internet Archive Wayback Machine.)

14. Véase Stephen J. Dubner: «The Folly of Prediction», Freakonomics Radio (14/9/2011); «Witches Threaten Romanian Taxman After New Labor Law», BBC (6/1/2011); Alison Mutler: «Romania's Witches May Be Fined If Predictions Don't Come True», Associated Press (8/2/2011).

15. Véase A. R. T. Jonkers: *Earth's Magnetism in the Age of Sail*, Johns Hopkins University Press, 2003; T. A. Lyons: *A Treatise on Electromagnetic Phenomena and on the Compass and Its Deviations Aboard Ship*, vol. 2, John Wiley & Sons, 1903. Gracias a Jonathan Rosen por señalar esta idea.

16. Para un tratamiento más completo de este tema, véase Stephen J. Dubner: «The Suicide Paradox», Freakonomics Radio (3178/2011). Estamos especialmente en deuda por la amplia y profunda investigación de David Lester, así como por las numerosas entrevistas con él. También nos basamos mucho en David M. Cutler, Edward L. Glaeser y Karen E. Norberg: «Explaining the Rise in Youth Suicide», en Jonathan Gruber (ed.): *Risky Behavior Among Youths: An Economic Analysis*, University of Chicago Press, 2001. Diferentes informes de los Centers for Disease Control and Prevention and the National Vital Statistics System fueron muy útiles; véase también Robert E. McKeown, Steven P. Cuffe y Richard M. Schulz: «U.S. Suicide Rates by Age Group, 1970-2002: An Examination of Recent Trends», *American Journal of Public Health*, 96, núm. 10

(octubre de 2006). Sobre el tema de la «paradoja del suicidio» —es decir, la relación entre suicidio y aumento del bienestar— véase Cutler y otros, op. cit, así como A. F. Henry y J. F. Short: *Suicide and Homicide*, Free Press, 1954; David Lester: «Suicide, Homicide, and the Quality of Life: An Archival Study», *Suicide and Life-Threatening Behavior*, 1693 (otoño de 1986); Lester: «Suicide, Homicide, and the Quality of Life in Various Countries», *Acta Psychiatrica Scandinavica*, 81 (1990); E. Hem y otros: «Suicide Rates According to Education with a Particular Focus on Physicians in Norway 1960-2000», *Psychological Medicine*, 35, núm. 6 (junio de 2005); Mary C. Daly, Andrew J. Oswald, Daniel Wilson, Stephen Wu: «The Happiness-Suicide Paradox», documento de trabajo, Federal Reserve Bank of San Francisco 2010-30; Daly, Wilson y Norman J. Johnson: «Relative Status and Well-Being: Evidence from U.S. Suicide Deaths», documento de trabajo, Federal Reserve Bank of San Francisco 2012-16.

17. Véanse James Alan Fox y Marianne W. Zawitz: «Homicide Trends in the United States», Bureau of Justice Statistics; y «Crime in the United States 2012», Federal Bureau of Investigation's Uniform Crime Reports, tabla 16.

18. Véase Stephen J. Dubner: «The Most Dangerous Machine», Freakonomics Radio (5/12/2013); Ian Savage, economista de Northwestern que estudia la seguridad vial, fue de especial ayuda en la compilación de esta investigación. Véase también «Traffic Safety Facts: 2012 Motor Vehicle Crashes: Overview», National Highway Traffic Safety Administration, (noviembre de 2013).

19. Véase Steven D. Levitt: «The Effect of Prison Population Size on Crime Rates: Evidence from Prison Overcrowding Litigation», *The Quarterly Journal of Economics*, 111, núm. 2 (mayo de 1996).

20. Véase John J. Donohue III y Levitt: «The Impact of Legalized Abortion on Crime», *The Quarterly Journal of Economics*, 116, núm. 2 (mayo de 2001).

21. Uno de los maestros del campo moderno de experimentación es John List, con el que colaboramos mucho y de quien escribimos en el capítulo 3 de *Superfreakonomics*. Para una visión cautivadora del tema, véase Uri Gneezy y John A. List: *The Why Axis: Hidden Motives and the Undiscovered Economics of Everyday Life*, Public Affairs, 2013 [versión en castellano: *Lo que importa es el porqué*, Empresa Activa, Barcelona, 2014].

22. Para un tratamiento más completo de este tema, véase Stephen J. Dubner: «Do More Expensive Wines Taste Better?», Freakonomics Radio (16/12/2010). Incluye la historia de la cata a ciegas de Steve Levitt en la Society of Fellows y los extensos experimentos de cata a ciegas de Robin Goldstein. Para la investigación subyacente a los hallazgos de Goldstein, véase Goldstein, Johan Almenberg, Anna Dreber, John W. Emerson, Alexis Herschkowitsch y Jacob Katz: «Do More Expensive Wines Taste Better? Evidence from a Large Sample of Blind Tastings», *Journal of Wine Economics*, 3, núm. 1 (primavera de 2008); véase también Steven D. Levitt: «Cheap Wine», Freakonomics.com (16/7/2008). Mientras que la investigación de Goldstein sugiere que los expertos en vino son capaces de discernir mucho más que un consumidor medio, hay otras investigaciones que cuestionan incluso esa hipótesis. Otro trabajo publicado en *The Journal of Wine Economics* descubrió que el juicio de los expertos era, bueno, bastante inexperto. Un estudio de jueces en competiciones de cata de vinos, por ejemplo, descubrió que la mayoría de los vinos que ganaron una medalla de oro en una competición no recibieron premio alguno en otra. «Así pues —escribió el autor—, muchos vinos que se consideran extraordinarios en algunas competiciones son considerados por debajo de la media en otras.» Veáse Robert T. Hodgson: «An Analysis of the Concordance Among 13 U.S. Wine Competitions», *Journal of Wine Economics*, 4, núm. 1 (primavera de 2009).

23. Goldstein desveló su engaño al Premio a la Excelencia

de *Wine Spectator* en la conferencia anual de 2008 de la American Association of Wine Economists. El episodio tuvo una amplia difusión en los medios. *Wine Spectator* defendió vigorosamente su sistema de premios; el director ejecutivo dijo que la revista nunca afirmó que visitara todos los restaurantes que se presentan a un premio y que hizo su comprobación de rigor a la Osteria L'Intrepido —mirando su web y llamando al restaurante—, pero que siempre salía un contestador. Véase también Goldstein: «What Does It Take to Get a Wine Spectator Award of Excellence», Blindtaste.com (15/8/2008).

24. Véase Amanda H. Waterman y Mark Blades: «Helping Children Correctly Say 'I Don't Know' to Unanswerable Questions», *Journal of Experimental Psychology: Applied*, 17, núm. 4 (2011).

3. ¿Qué problema tienes?

1. Véase el trabajo en dos partes del National Bureau of Economic Research de Raj Chetty, John N. Friedman y Jonah E. Rockoff: «The Long-term Impacts of Teachers: Teach Value-added and Student Outcomes in Adulthood» (septiembre de 2013).

2. Véanse Marigee P. Bacolod: «Do Alternative Opportunities Matter? The Role of Female Labor Markets in the Decline of Teacher Supply and Teacher Quality, 1940-1990», *Review of Economics and Statistics*, 89, núm. 4 (noviembre de 2007); y Harold O. Levy: «Why the Best Don't Teach», *The New York Times* (9-9-2000).

3. Véanse «Top Performing Countries», Center on International Education Benchmarking (2013), disponible en <http://www.ncee.org>; Byron Auguste, Paul Kihn y Matt Miller: «Closing the Talent Gap: Attracting and Retaining Top-Third Graduates to Careers in Teaching», McKinsey & Company (septiembre de 2010). (El informe McKinsey ha sido

criticado porque sitúa los terciles según la puntuación SAT / máxima puntuación GPA, y solo examina una pequeña población de nuevos profesores.) Gracias a Eric Kumbier por aclararnos esta cuestión por correo electrónico.

4. Véanse, entre otros, Marianne Bertrand y Jessica Pan: «The Trouble with Boys: Social Influences and the Gender Gap in Disruptive Behavior», *American Economic Journal: Applied Economics*, 5, núm. 1 (2013); Shannon M. Pruden, Susan C. Levine y Janellen Huttenlocher: «Children's Spatial Thinking: Does Talk About the Spatial World Matter?», *Developmental Science*, 14 (noviembre de 2011); Bruce Sacerdote: «How Large Are the Effects from Changes in Family Environment? A Study of Korean American Adoptees», *The Quarterly Journal of Economics*, 122, núm. 1 (2007); Roland G. Fryer Jr. y Steven D. Levitt: «Understanding the Black-White Test Score Gap in the First Two Years of School», *The Review of Economics and Statistics*, 86, núm. 2 (mayo de 2004); Huttenlocher, Marina Vasilyeva, Elina Cymerman y Susan Levine: «Language Input and Child Syntax», *Cognitive Psychology*, 45, núm. 3 (2002).

5. Véase el informe de 2012 del Program for International Student Assessment (PISA).

6. Para un raro ejemplo de una animada discusión en este sentido, véase «The Depressing Data on Early Childhood Investment», entrevista de Paul Solman con Jerome Kagan, PBS. org (7/3/2013).

7. Estamos agradecidos a Kobi por las muchas horas de conversación fascinante que se extendieron durante varios años, y a todos aquellos que facilitaron esas conversaciones, entre ellos Maggie James, Noriko Okubo, Akiko Funatsu, Anna Berry, Kumi y otros. Kobi está tan convencido de que comer de manera competitiva es una cualidad adquirida que, según dice, podría entrenar a uno de nosotros y conseguir que comiera cincuenta HDB después de solo seis meses de preparación. Todavía tenemos que aceptar esa oferta. No obstante,

Dubner tomó una clase con Kobi en el Gray's Papaya de New York:

Estamos agradecidos a los muchos periodistas que han escrito sobre Kobi y el deporte de la alimentación competitiva, sobre todo Jason Fagone, autor de *Horsemen of the Esophagus: Competitive Eating and the Big Fat American Dream*, Crown, 2006. Fagone nos orientó en la dirección correcta desde el principio. También nos basamos en Fagone: «Dog Bites Man», Slate. com (8/7/2010); Bill Belew: «Takeru 'Tsunami' Kobayashi Training & Techniques to Defeat Joey Chestnut», The Biz of Knowledge website (29/6/2007); «How Do You Speed Eat?», *BBC News Magazine* (4/7/2006); Sarah Goldstein: «The Gagging and the Glory», Salon.com (19/4/2006); Josh Ozersky: «On Your Mark. Get Set. Pig Out», *New York* (26/6/2005); Chris Ballard: «That Is Going to Make You Money Someday», *The New York Times* (31/8/2003); Associated Press: «Kobayashi's Speedy Gluttony Rattles Foes», ESPN.com (4/7/2001).

8. Véase Sam Roberts: «No, He Did Not Invent the Publicity Stunt», *New York Times* (18/8/2010).

9. Véase Tama Miyake: «Fast Food», *Metropolis* (17/11/2006).

10. Véase Larry Getlen: «The Miracle That Is Kobayashi», *The Black Table* (sitio web) (19/5/2005).

11. Gracias al equipo de Freakonomics Radio por intentarlo (y fracasar). Como señaló el productor Greg Rosalsky, «el primer bollo absorbe tu saliva como una esponja y hace que comerte el segundo resulte virtualmente imposible».

12. Véase «Kobayashi Freed, Pleads Not Guilty», ESPN. com News Services (con información de Associated Press), ESPN New York (5/7/2010).

13. Véase M. R. Stone, K. Thomas, M. Wilkinson, A. M. Jones, A. St. Clair Gibson y K. G. Thompson: «Effects of Deception on Exercise Performance: Implications for Determinants of Fatigue in Humans», *Medicine & Science in Sports & Exercise*, 44, núm. 3 (marzo de 2012); Gina Kolata: «A Little Deception Helps Push Athletes to the Limit», *New York Times* (19/9/2011). Gracias también a Kolata por la cita de Roger Bannister de la que nos apropiamos.

14. Gracias de nuevo a Jason Fagone por esta cita; apareció en el número de mayo de 2006 de *The Atlantic*, en un extracto de su libro *Horsemen of the Esophagus*.

4. Como un mal tinte, la verdad está en las raíces

1. Véase Amartya Sen: *Poverty and Famines: An Essay on Entitlement and Deprivation*, Oxford University Press, 1981.

2. Véase «USDA and EPA Launch U.S. Food Waste Challenge», nota de prensa de USDA (4/6/2013).

3. Véase Steven D. Levitt y Stephen J. Dubner: *Freakonomics*, William Morrow, 2005 [versión en castellano: *Freakonomics*, Ediciones B, Barcelona, 2006]; y Levitt: «Understanding Why Crime Fell in the 1990s: Four Factors That Explain the Decline and Six That Do Not», *Journal of Economic Perspectives*, 18, núm. 1 (invierno de 2004), 163-190.

4. Véanse Erica L. Smith y Alexia Cooper: «Homicide in the U.S. Known to Law Enforcement, 2011», Bureau of Justice Statistics (diciembre de 2013); U.S. Department of Justice, Federal Bureau of Investigation: «Crime in the United States, 2011», tabla 1; Barry Krisberg, Carolina Guzman, Linh Vuong: «Crime and Economic Hard Times», National Council on Crime and Delinquency (febrero de 2009); y James Alan Fox y Marianne W. Zawitz: «Homicide Trends in the United States», Bureau of Justice Statistics (2007).

5. Levitt y Dubner: *Freakonomics*, op. cit.; y John J. Donohue III y Levitt: «The Impact of Legalized Abortion on Crime», *The Quarterly Journal of Economics*, 116, núm. 2 (mayo de 2001).

6. Véase Jörg Spenkuch: «The Protestant Ethic and Work: Micro Evidence From Contemporary Germany», documento de trabajo, University of Chicago. También sobre la base de entrevistas del autor con Spenkuch, y estamos agradecidos a Spenkuch por sus comentarios sobre nuestro manuscrito. Para más pruebas recientes sobre la ética del trabajo protestante, véase Andre van Hoorn, Robbert Maseland: «Does a Protestant Work Ethic Exist? Evidence from the Well-Being Effect of Unemployment», *Journal of Economic Behavior & Organization*, 91 (julio de 2013). Entretanto, Davide Cantoni ha argumentado que la ética protestante no mejoró los resultados económicos en Alemania; véase Cantoni: «The Economic Effects of the Protestant Reformation: Testing the Weber Hypothesis in the German Lands», trabajo sobre el mercado laboral (10/11/2009).

7. Véase Spenkuch y Philipp Tillmann: «Elite Influence? Religion, Economics, and the Rise of the Nazis», documento de trabajo, 2013.

8. Véase Luigi Guiso, Paola Sapienza y Luigi Zingales: «Long-Term Persistence», documento de trabajo (julio de 2013); véanse también versiones anteriores de los mismos autores: «Long-Term Cultural Persistence», documento de tra-

bajo (septiembre de 2012); y «Long-Term Persistence», documento de trabajo, European University Institute, 2008. Gracias a Hans-Joachim Voth y Nico Voigtländer: «Hatred Transformed: How Germans Changed Their Minds About Jews, 1890-2006», *Vox* (1/5/2012).

9. Véase Stelios Michalopoulos y Elias Papaioannou: «The Long-Run Effects of the Scramble for Africa», documento de trabajo, NBER (noviembre de 2011); y Elliott Green: «On the Size and Shape of African States», *International Studies Quarterly*, 56, núm. 2 (junio de 2012).

10. Véase Melissa Dell: «The Persistent Effects of Peru's Mining Mita», documento de trabajo, MIT (enero de 2010); y Daron Acemoglu, Camilo Garcia-Jimeno y James A. Robinson: «Finding Eldorado: Slavery and Long-Run Development in Colombia», documento de trabajo, NBER (junio de 2012).

11. Esta sección se basa en la entrevista con Roland Fryer como se reflejó en Stephen J. Dubner: «Toward a Unified Theory of Black America», *New York Times Magazine* (20/3/2005). También estamos agradecidos al excelente artículo de Mark Warren: «Roland Fryer's Big Ideas», *Esquire* (diciembre de 2005). Véanse también David M. Cutler, Roland G. Fryer Jr. y Edward L. Glaeser: «Racial Differences in Life Expectancy: The Impact of Salt, Slavery, and Selection», manuscrito inédito, Harvard University y NBER (1/3/2005); y Katherine M. Barghaus, David M. Cutler, Roland G. Fryer Jr. y Edward L. Glaeser: «An Empirical Examination of Racial Differences in Health», manuscrito inédito, Harvard University, University of Pennsylvania y NBER (noviembre de 2008). Para más información de fondo, véanse Gary Taubes: «Salt, We Misjudged You», *The New York Times* (3/6/2012); Nicholas Bakalar: «Patterns: Less Salt Isn't Always Better for the Heart», *The New York Times* (29/11/2011); Martin J. O'Donnell y otros: «Urinary Sodium and Potassium Excretion and Risk of Cardiovascular Events», *The Journal of the American Medical Association*, 306, núm. 20 (23-30/11/2011); Michael H. Alderman: «Evidence Relating Dietary Sodium to

Cardiovascular Disease», *Journal of the American College of Nutrition*, 25, núm. 3 (2006); Jay Kaufman: «The Anatomy of a Medical Myth», *Is Race «Real»?*, SSRC Web Forum (7/6/2006); Joseph E. Inikori y Stanley L. Engerman: *The Atlantic Slave Trade: Effects on Economies, Societies and Peoples in Africa, the Americas, and Europe*, Duke University Press, 1998; y F. C. Luft y otros: «Salt Sensitivity and Resistance of Blood Pressure. Age and Race as Factors in Physiological Responses», *Hypertension*, 17 (1991).

12. Cortesía de la John Carter Brown Library de la Brown University. Fuente original: M. Chambon: *Le Commerce de l'Amerique par Marseille*, Aviñón, 1764, vol. 2, lámina XI, frente a p. 400.

13. Véase Roy Porter: *The Greatest Benefit to Mankind: A Medical History of Humanity from Antiquity to the Present*, HarperCollins, 1997.

14. La historia de Barry Marshall (y Robin Warren) es fascinante y heroica de principio a fin. Recomendamos fervientemente leer más sobre él en alguna o en todas las obras citadas, lo cual también incluye más información general sobre úlceras e industria farmacéutica. En cuanto a la historia del propio Marshall, dependemos de la maravillosa entrevista en profundidad llevada a cabo por el estimable Norman Swan, físico australiano que trabaja de periodista. Véase Norman Swan: «Interviews with Australian Scientists: Professor Barry Marshall», Australian Academy of Science, 2008. Gracias al doctor Marshall por ofrecer sus útiles comentarios sobre lo que escribimos sobre él aquí y en el capítulo 5. También estamos agradecidos a Kathryn Schulz: «Stress Doesn't Cause Ulcers! Or, How to Win a Nobel Prize in One Easy Lesson: Barry Marshall on Being ... Right», Slate.com (9/9/2010); Pamela Weintraub: «The Dr. Who Drank Infectious Broth, Gave Himself an Ulcer, and Solved a Medical Mystery», *Discover* (marzo de 2010); y «Barry J. Marshall, Autobiography», The Nobel Prize in Physiology or Medicine 2005, Nobelprize.org, 2005.

15. Véase Melody Petersen: *Our Daily Meds: How the Pharmaceutical Companies Transformed Themselves into Slick Marketing Machines and Hooked the Nation on Prescription Drugs*, Sarah Crichton Books, 2008; y Shannon Brownlee: «Big Pharma's Golden Eggs», *Washington Post* (6/4/2008); «Having an Ulcer Is Getting a Lot Cheaper», *BusinessWeek* (8/5/1994).

16. En particular estamos pensando en el doctor A. Stone Freedberg de Harvard, quien en 1940 publicó un trabajo «identificando bacterias similares en un 40 % de pacientes con úlceras y cáncer de estómago»; véase Lawrence K. Altman: «Two Win Nobel Prize for Discovering Bacterium Tied to Stomach Ailments», *The New York Times* (4/10/2005); y Lawrence K. Altman: «A Scientist, Gazing Toward Stockholm, Ponders 'What If?'», *New York Times* (6/12/2005).

17. Quizá todavía están influidos por el batallador alcalde de Nueva York Ed Koch. «Soy la clase de persona que nunca tendrá úlcera —dijo una vez—. ¿Por qué? Porque digo exactamente lo que pienso. Soy la clase de persona que podría ocasionar úlceras a otras personas.» Véase Maurice Carroll: «How's He Doing? How's He Doing?», *New York Times* (24/12/1978).

18. Esta sección se basa sobre todo en las entrevistas de un autor con los gastroenterólogos Thomas Borody, Alexander Khoruts y Michael Levitt (padre de Steve Levitt), como se refleja en Stephen J. Dubner: «The Power of Poop», Freakonomics Radio (4/3/2011). También estamos agradecidos a Borody por ofrecer comentarios útiles a esta sección. Véanse también Borody, Sudarshan Paramsothy y Gaurav Agrawal: «Fecal Microbiota Transplantation: Indications, Methods, Evidence, and Future Directions», *Current Gastroenterology Reports*, 15, núm. 337 (julio de 2013); W. H. Wilson Tang y otros: «Intestinal Microbial Metabolism of Phosphatidylcholine and Cardiovascular Risk», *New England Journal of Medicine*, 368, núm. 17 (abril de 2013); Olga C. Aroniadis y Lawrence J. Brandt: «Fecal

Microbiota Transplantation: Past, Present and Future», *Current Opinion in Gastroenterology*, 29, núm. 1 (enero de 2013); «Jonathan Eisen: Meet Your Microbes», TEDMED Talk, Washington, D.C. (abril de 2012); Borody y Khoruts: «Fecal Microbiota Transplantation and Emerging Applications», *Nature Reviews Gastroenterology & Hepatology*, 9, núm. 2 (2011); Khoruts y otros: «Changes in the Composition of the Human Fecal Microbiome After Bacteriotherapy for Recurrent Clostridium Difficile-Associated Diarrhea», *Journal of Clinical Gastroenterology*, 44, núm. 5 (mayo-junio de 2010); Borody y otros: «Bacteriotherapy Using Fecal Flora: Toying with Human Motions», *Journal of Clinical Gastroenterology*, 38, núm. 6 (julio de 2004).

19. Según Josbert Keller, gastroenterólogo en el hospital HagaZiekenhuis de La Haya, autor de «Duodenal Infusion of Donor Feces for Recurrent *Clostridium difficile*», *New England Journal of Medicine*, 368 (2013), 407-415; véase también Denise Grady: «When Pills Fail, This, er, Option Provides a Cure», *New York Times* (16/1/2013).

20. Véase Borody y Jordana Campbell: «Fecal Microbiota Transplantation: Techniques, Applications, and Issues», *Gastroenterology Clinics of North America*, 41 (2012); y Borody, Eloise F. Warren, Sharyn Leis, Rosa Surace y Ori Ashman: «Treatment of Ulcerative Colitis Using Fecal Bacteriotherapy», *Journal of Clinical Gastroenterology*, 37, núm. 1 (julio de 2003).

5. Piensa como un niño

1. Extraído de la entrada «Sophisticated» en worldwidewords.org, del excelente experto británico en etimología Michael Quinion.

2. Véase Isaac Newton y J. E. McGuire: «Newton's 'Principles of Philosophy': An Intended Preface for the 1704 'Opticks' and a Related Draft Fragment», *The British Journal for*

the History of Science, 5, núm. 2 (diciembre de 1970); gracias a la productora de Freakonomics Radio, Katherine Wells, que escribió esto para Stephen J. Dubner: «The Truth Is Out There ... Isn't It?», Freakonomics Radio (23/11/2011).

3. Véase Steven D. Levitt y Stephen J. Dubner: *Superfreakonomics*, William Morrow, 2009 [versión en castellano: *Superfreakonomics: enfriamiento global, prostitutas patrióticas y por qué los terroristas suicidas deberían contratar un seguro de vida*, Debate, Barcelona, 2010].

4. Levitt y Dubner: *Freakonomics*, William Morrow, 2005 [versión en castellano: *Freakonomics*, Ediciones B, Barcelona, 2006].

5. Ibídem.

6. Stephen J. Dubner: «Smarter Kids at 10 Bucks a Pop», Freakonomics Radio (8/4/2011). Este informe se basó sobre todo en entrevistas del autor con Paul Glewwe y Albert Park y en su trabajo «Visualizing Development: Eyeglasses and Academic Performance in Rural Primary Schools in China», University of Minnesota Center for International Food and Agricultural Policy, documento de trabajo WP12-2 (2012), con la coautoría de Meng Zhao. Véase también Douglas Heingartner: «Better Vision for the World, on a Budget», *The New York Times* (2/1/2010); y «Comprehensive Eye Exams Particularly Important for Classroom Success», American Optometric Association (2008). Para el estigma de «cuatro ojos» y las gafas sin graduar (en la nota al pie), véase Dubner: «Playing the Nerd Card», Freakonomics Radio (31/5/2012).

7. Gracias de nuevo a Garson O'Toole de QuoteInvestigator.com.

8. Una vez más nos basamos en gran medida en la excelente entrevista de Norman Swan a Marshall: «Interviews with Australian Scientists: Professor Barry Marshall», Australian Academy of Science, 2008.

9. Véase para empezar Stephen J. Dubner y Steven D. Levitt: «A Star Is Made», *The New York Times Magazine* (7/5/2006).

Nuestro perdurable agradecimiento a K. Anders Ericsson; su trabajo y el de muchos de sus fascinantes colegas está bien representado en Ericsson, Neil Charness, Paul J. Feltovich y Robert R. Hoffman: *The Cambridge Handbook of Expertise and Expert Performance*, Cambridge University Press, 2006. Para libros relacionados con el tema, véase Daniel Coyle: *The Talent Code*, Bantam, 2009; Geoff Colvin: *Talent Is Overrated*, Portfolio, 2008; y Malcolm Gladwell: *Outliers*, Little, Brown & Co., 2008.

10. Para un tratamiento más completo de este tema, véase Stephen J. Dubner: «Could a Lottery Be the Answer to America's Poor Savings Rate?», Freakonomics Radio (18/11/2010); y Dubner: «Who Could Say No to a 'No-Lose Lottery?'», Freakonomics Radio (2/12/2010). En estos episodios aparecían entrevistas con, entre otros, Melissa S. Kearney y Peter Tufano, ambos expertos en el tema. Véase, por ejemplo, Kearney, Tufano, Jonathan Guryan y Erik Hurst: «Making Savers Winners: An Overview of Prize-Linked Saving Products», en Olivia S. Mitchell y Annamaria Lusardi (eds.): *Financial Literacy: Implications for Retirement Security and the Financial Marketplace*, Oxford University Press, 2011.

11. La sección de Alex Stone se basa sobre todo en entrevistas del autor. Véase también *Fooling Houdini: Magicians, Mentalists, Math Geeks, and the Hidden Powers of the Mind*, HarperCollins, 2012 [versión en castellano: *Engañar a Houdini: magos, mentalistas, ilusionistas y los poderes ocultos de la mente*, Debate, Barcelona, 2014]; y Steven D. Levitt: «Fooling Houdini Author Alex Stone Answers Your Questions», Freakonomics.com (23/7/2012). En el punto de «prestar atención», Stone reconoce la perspicacia de la psicóloga del desarrollo Alison Gopnik, autora de *The Philosophical Baby: What Children's Minds Tell Us About Truth, Love, and the Meaning of Life*, Farrar, Straus and Giroux, 2009 [versión en castellano: *El filósofo entre pañales*, Temas de Hoy, Madrid, 2010]. Para más bibliografía sobre niños e ilusión, véase Bruce Bower:

«Adults Fooled by Visual Illusion, But Not Kids», *Science-News* vía Wired.com (23/11/2009); y Vincent H. Gaddis: «The Art of Honest Deception», StrangeMag.com.

12. Véase Singer: «Why I Write for Children», preparado para un discurso de aceptación de premio de 1970, leído en su discurso de aceptación del Nobel de 1978 y reimpreso en Singer: *Nobel Lecture*, Farrar, Straus & Giroux, 1979. Gracias a Jonathan Rosen por aportar esto (junto con muchas otras cosas buenas) a nuestra atención.

6. Como dar un caramelo a un niño

1. Una encantadora versión animada de esta historia aparece en *Freakonomics: The Movie*. Chad Troutwine fue el principal productor de la película y el director Seth Gordon encabezó al equipo que creó la sección de Amanda.

2. Véanse Centers for Disease Control: «Mean Body Weight, Height, and Body Mass Index, United States 1960-2002»; USDA: «Profiling Food Consumption in America», capítulo 2 del *Agriculture Factbook 2001-2002*; USDA: «Percent of Household Final Consumption Expenditures Spent on Food, Alcoholic Beverages, and Tobacco That Were Consumed at Home, by Selected Countries, 2012», ERS Food Expenditure Series.

3. Existe una bibliografía amplia y en ocasiones confusa sobre la relación entre comida y precio, con considerables discrepancias en la metodología de medir los costes de la alimentación. Algunos investigadores discrepan del método coste por caloría. Dos ejemplos son Fred Kuchler y Hayden Stewart: «Price Trends Are Similar for Fruits, Vegetables, and Snack Foods», Report ERR-55, USDA Economic Research Service; y Andrea Carlson y Elizabeth Frazao: «Are Healthy Foods Really More Expensive? It Depends on How You Measure the Price», *USDA Economic Information Bulletin*, 96 (mayo de

2012). Entre la investigación que representa con mayor aproximación lo que hemos escrito en este capítulo, véase Michael Grossman, Erdal Tekin y Roy Wada: «Food Prices and Body Fatness Among Youths», documento de trabajo NBER (junio de 2013); Stephen J. Dubner: «100 Ways to Fight Obesity», Freakonomics Radio (27/3/2013); Pablo Monsivais y Adam Drewnowski: «The Rising Cost of Low-Energy-Density Foods», *Journal of the American Dietetic Association*, 107, núm. 12 (diciembre de 2007); Tara Parker-Pope: «A High Price for Healthy Food», *The New York Times* (Well blog) (5/12/2007); Cynthia L. Ogden, Cheryl D. Fryar, Margaret D. Carroll y Katherine M. Flegal: «Mean Body Weight, Height, and Body Mass Index, United States 1960-2002», *Advance Data from Vital and Health Statistics*, 347, National Center for Health Statistics, 2004; David M. Cutler, Edward L. Glaeser y Jesse M. Shapiro: «Why Have Americans Become More Obese?», *Journal of Economic Perspectives*, 17, núm. 3 (verano de 2003).

4. Véase Josh Tapper: «Did Chinese Laws Keep Strangers from Helping Toddler Hit by Truck», *The Star* (Toronto) (18/10/2011); Li Wen-fang: «Hospital Offers Little Hope for Girl's Survival», *China Daily* (17/10/2011); Michael Wines: «Bystanders' Neglect of Injured Toddler Sets Off Soul-Searching on Web Sites in China», *The New York Times* (11/10/2011). Gracias a Robert Alan Greevy por llamar nuestra atención sobre esta historia.

5. Véase Steven D. Levitt, John A. List, Susanne Neckermann y Sally Sadoff: «The Impact of Short-Term Incentives on Student Performance», documento de trabajo, University of Chicago (septiembre de 2011); y Roland G. Fryer Jr.: «Financial Incentives and Student Achievement: Evidence from Randomized Trials», *The Quarterly Journal of Economics*, 126, núm. 4 (2011).

6. Basado en entrevistas del autor con Cialdini como se reflejó en Stephen J. Dubner: «Riding the Herd Mentality»,

Freakonomics Radio (21/6/2012). El libro de Cialdini *Influence* [versión en castellano: *Influir en los demás,* Ediciones S, Barcelona, 1990] es una introducción fantástica a su forma de pensar. Véase también Jessica M. Nolan, P. Wesley Schultz, Robert B. Cialdini, Noah J. Goldstein y Vladas Griskevicius: «Normative Social Influence Is Underdetected», *Personality and Social Psychology Bulletin,* 34, núm. 913 (2008); Goldstein, Cialdini y Steve Martin: *Yes!: 50 Secrets from the Science of Persuasion,* Free Press, 2008 [versión en castellano: *¡Sí!,* LID, Madrid, 2008]; Schultz, Nolan, Cialdini, Goldstein y Griskevicius: «The Constructive, Destructive, and Reconstructive Power of Social Norms», *Psychological Science,* 18, núm. 5 (2007); Cialdini, Linda J. Demaine, Brad J. Sagarin, Daniel W. Barrett, Kelton Rhoads y Patricia L. Winter: «Managing Social Norms for Persuasive Impact», *Social Influence,* 1, núm. 1 (2006); Cialdini: «Crafting Normative Messages to Protect the Environment», *Current Directions in Psychological Science,* 12 (2003). En el estudio del bosque petrificado había otras opciones de carteles, entre ellas una que mostraba a un visitante al parque robando madera, acompañada por el mensaje: «Por favor no te lleves madera fosilizada del parque.» Este cartel superó a la opción sin señales.

7. Esta sección se basa sobre todo en entrevistas del autor con Mullaney, un libro de memorias inédito de Mullaney y la investigación reflejada en Amee Kamdar, Steven D. Levitt, John A. List y Chad Syverson: «Once and Done: Leveraging Behavioral Economics to Increase Charitable Contributions», documento de trabajo, University of Chicago, 2013. Véase también Stephen J. Dubner y Levitt: «Bottom-Line Philanthropy», *New York Times Magazine* (9/3/2008); y James Andreoni: «Impure Altruism and Donations to Public Goods: A Theory of Warm-Glow Giving», *The Economic Journal,* 100, núm. 401 (junio de 1990). Para otra versión de la historia «una vez y basta», véase Uri Gneezy y List: *The Why Axis: Hidden Motives and the Undiscovered Economics of Everyday Life,*

Public Affairs, 2013 [versión en castellano: *Lo que importa es el porqué*, Activa, Barcelona, 2014].

8. Véase Peter Buffett: «The Charitable-Industrial Complex», *New York Times* (26/7/2013). Para una conversación relacionada con Buffett, sobre la cuestión de que él había ganado la «lotería ovárica» —es hijo de Warren Buffett—, véase Dubner: «Growing Up Buffett» (13/5/2011).

9. Véase Henry A. Kissinger: *On China*, Penguin, 2011 [versión en castellano: *China*, Debate, Barcelona, 2012]; «Ping-Pong Diplomacy (April 6-17, 1971)», AmericanExperience. com; David A. DeVoss: «Ping-Pong Diplomacy», *Smithsonian* (abril de 2002); «The Ping Heard Round the World», *Time* (26/4/1971).

10. Esta sección se basa en parte en entrevistas del autor con Tony Hsieh y en una visita a la sede de Zappos. Véase también Hsieh: *Delivering Happiness: A Path to Profits, Passion, and Purpose*, Business Plus, 2010 [versión en castellano: *Delivering happiness: ¿cómo hacer felices a tus empleados y duplicar tus beneficios?*, Profit, Barcelona, 2013]; Hsieh: «How I Did It: Zappos's CEO on Going to Extremes for Customers», *Harvard Business Review* (julio de 2010); Robin Wauters: «Amazon Closes Zappos Deal, Ends Up Paying $1.2 Billion», *TechCrunch* (2/11/2009); Hsieh: «Amazon Closing», Zappos.com (2/11/2009); Alexandra Jacobs: «Happy Feet», *The New Yorker* (14/9/2009). «You guys are just the best», testimonio en Zappos.com de Jodi M. (21/2/2006).

11. Véase Lucas W. Davis: «The Effect of Driving Restrictions on Air Quality in Mexico City», *Journal of Political Economy*, 116, núm. 1 (2008); y Gunnar S. Eskeland y Tarhan Feyzioglu: «Rationing Can Backfire: The Day Without a Car in Mexico City», World Bank Policy Research Dept. (diciembre de 1995).

12. «Phasing Out of HFC-23 Projects», *Verified Carbon Standard* (1/1/2014); «Explosion of HFC-23 Super Greenhouse Gases Is Expected», nota de prensa de Environmental

Investigation Agency (24/6/2013); EIA: «Two Billion Tonne Climate Bomb: How to Defuse the HFC-23 Problem» (junio de 2013); «U.N. CDM Acts to Halt Flow of Millions of Suspect HFC-23 Carbon Credits»; Elisabeth Rosenthal y Andrew W. Lehren: «Profits on Carbon Credits Drive Output of a Harmful Gas», *New York Times* (8/8/2012).

13. Véase Stephen J. Dubner: «The Cobra Effect», Freakonomics Radio (11/10/2012); Horst Siebert: *Der Kobra-Effekt: Wie man Irrwege der Wirtschaftspolitik vermeidet*, Deutsche Verlags-Anstalt, 2001; Sipho Kings: «Catch 60 Rats, Win a Phone», *Mail & Guardian* (Sudáfrica) (16/10/2012).

14. Véase Mark Twain: *Mark Twain's Own Autobiography: The Chapters from the North American Review* (ed. Michael Kiskis), University of Wisconsin Press, 1990 [versión en castellano: *Autobiografía*, Espasa, Madrid, 2004]. Estamos agradecidos a Jared Morton por aportarnos esta cita.

7. ¿Qué tienen en común el rey Salomón y David Lee Roth?

1. Las citas bíblicas son de *The Tanakh*, Jewish Publication Societies, 1917. La historia de Salomón y la disputa de maternidad puede encontrarse a partir de 1 Reyes 3:16. También confiamos en el rabino Joseph Telushkin: *Biblical Literacy*, William Morrow, 1997. Hay muchos comentarios en torno a esta historia, igual que ocurre con muchos relatos bíblicos. Para un buen resumen moderno, que incluye comentarios antiguos, véase Mordecai Kornfeld: «King Solomon's Wisdom», *Rabbi Mordecai Kornfeld's Weekly Parasha-Page*; y Baruch C. Cohen: «The Brilliant Wisdom of King Solomon», *Jewish Law Commentary* (10/7/1998). Ambas interpretaciones destacan los incentivos presentados por el *yibbum*, «un rito que debe llevarse a cabo cuando un hombre que tiene un hermano vivo muere sin hijos». La historia de Salomón también ha sido di-

seccionada por académicos no bíblicos, entre ellos los economistas Avinash K. Dixit y Barry J. Nalebuff: *The Art of Strategy*, Norton, 2008. Dixit y Nalebuff abordan la historia como un acertijo de la teoría de juegos y concluyen que la segunda mujer erró al estar de acuerdo con el rey Salomón para partir al niño por la mitad. De hecho, ¿por qué la segunda mujer iba a pasar por el problema de robar el bebé y luego aceptar tan alegremente que lo mataran? Además, una vez que la primera mujer renunció a la propiedad, ¿por qué la segunda mujer no guardó silencio y aceptó el bebé? Según este razonamiento, Salomón «fue más afortunado que sabio», escriben Dixit y Nalebuff. «Su estrategia solo funcionó por el error de la segunda mujer.» La interpretación de los economistas, deberíamos señalar, se basa en una literalidad que muchos eruditos bíblicos tienen especial cuidado en evitar para encontrar consecuencias menos utilitaristas.

2. Véase Jane Rocca: «What I Know About Women», *Brisbane Times* (7/4/2013); David Lee Roth: «Brown M&Ms», clip de vídeo *online* en el canal de Van Halen en Vimeo, 2012; Scott R. Benarde: *Stars of David: Rock 'n' Roll's Jewish Stories*, Brandeis University Press, 2003; David Lee Roth: *Crazy from the Heat*, Hyperion, 1997; Mikal Gilmore: «The Endless Party», *Rolling Stone* (4/9/1980). Partes de la cláusula de Van Halen están publicadas en The SmokingGun.com; un agradecimiento especial a Mike Peden por verificar los detalles de la cláusula de Van Halen a través de los archivos de Jack Belle.

3. Véase Peter T. Leeson: «Ordeals», *Journal of Law and Economics*, 55 (agosto de 2012). Más de Leeson en «Gypsy Law»: *Public Choice*, 155 (junio de 2013); *The Invisible Hook: The Hidden Economics of Pirates*, Princeton University Press, 2009; «An-*arrgh*-chy: The Law and Economics of Pirate Organization», *Journal of Political Economy*, 115, núm. 6 (2007); y «Trading with Bandits», *Journal of Law and Economics*, 50 (mayo de 2007). Estamos agradecidos a Leeson por sus valiosos comentarios sobre nuestro manuscrito.

4. Véase Mercer y National Retail Federation: «U.S. Retail Compensation and Benefits Survey» (octubre de 2013); Jordan Melnick: «Hiring's New Frontier», QSRmagazine.com (septiembre de 2012); y Melnick: «More Than Minimum Wage», QSRmagazine.com (noviembre de 2011).

5. Véase «Education at a Glance 2013: OECD Indicators», OECD, 2013.

6. Véase Stephen J. Dubner: «The Upside of Quitting» (30/9/2011); Stacey Vanek-Smith realizó la entrevista con Tony Hsieh y otros empleados de Zappos. Gracias a diversos empleados de Zappos por entrevistas de seguimiento.

7. Véase Arindrajit Dube, Eric Freeman y Michael Reich: «Employee Replacement Costs», documento de trabajo, Universidad de California en Berkeley, 2010.

8. Basado en una encuesta de Harris Interactive para CareerBuilder.

9. Basado sobre todo en la visita del autor al sitio y en la correspondencia de seguimiento con Yehudit Ayalon. Véase también: Eli Sa'adi: *The Ayalon Institute: Kibbutzim Hill-Rehovot*, folleto, disponible en el museo que ocupa el lugar de la antigua fábrica.

10. Esta sección se extrajo de entrevistas del autor con Cormac Herley y del fascinante trabajo de Herley: «Why Do Nigerian Scammers Say They Are from Nigeria?», Workshop on Economics of Information Security, Berlín (junio de 2012). Gracias a Nathan Myhrvold por llamar nuestra atención respecto al trabajo de Herley.

11. Esta carta es una combinación de varios mensajes de correo electrónico de engaño, un catálogo de los cuales puede hallarse en 419eater.com, comunidad de cazadores de engaños. Nuestra carta se basa en una carta de 419eater.com titulada «A Convent Schoolgirl Goes Missing in Africa».

12. Respecto a cifras generales de fraude, véase Ross Anderson y otros: «Measuring the Cost of Cybercrime», trabajo presentado en el Workshop on the Economics of Information

Security, Berlín (26/6/2012); e Internet Crime Complaint Center: «2012 Internet Crime Report», 2013.

13. Véase Onell R. Soto: «Fight to Get Money Back a Loss», *San Diego Union-Tribune* (14/8/2004).

14. Véase Stephen J. Dubner: «The Hidden Cost of False Alarms», Freakonomics Radio (5/4/2012); Rana Sampson: *Problem-Oriented Guides for Police: False Burglar Alarms*, 2011[2]; y Erwin A. Blackstone, Andrew J. Buck, Simon Hakim: «Evaluation of Alternative Policies to Combat False Emergency Calls», *Evaluation and Program Planning*, 28 (2005).

15. National Cancer Institute: «Prostate, Lung, Colorectal, and Ovarian (PLCO) Cancer Screening Trial»; Virginia A. Moyer, a cuenta del U.S. Preventive Services Task Force: «Screening for Ovarian Cancer: U.S. Preventive Services Task Force Reaffirmation Recommendation Statement», *Annals of Internal Medicine*, 157, núm. 12 (18/12/2012); Denise Grady: «Ovarian Cancer Screenings Are Not Effective, Panel Says», *The New York Times* (10/9/2012); J. M. Croswell, B. S. Kramer, A. R. Kreimer y otros: «Cumulative Incidence of False-Positive Results in Repeated, Multimodal Cancer Screening», *Annals of Family Medicine*, 7 (2009).

16. Véanse Declan McCullagh: «Buggy McAfee Update Whacks Windows XP Pcs», CNET (21/4/2010); Gregg Keizer: «Flawed McAfee Update Paralyzes Corporate Pcs», *Computerworld* (21/4/2010); y «McAfee delivers a false-positive detection of the W32/wecorl.a virus when version 5958 of the DAT file is used», ayuda *online* de Microsoft. Puede encontrarse más información en el trabajo de Cormac Herley.

17. Véase <http://nlp-addiction.com/eliza/>.

18. Steven D. Levitt: «Identifying Terrorists Using Banking Data», *The B.E. Journal of Economic Analysis & Policy*, 12, núm. 3 (noviembre de 2012); Levitt y Stephen J. Dubner: *Superfreakonomics,* cap. 2, «¿Por qué los terroristas deberían comprar seguros de vida?», William Morrow, 2009 [versión en castellano: *Superfreakonomics*, Debate, Barcelona, 2010]; y

Dubner: «Freakonomics: What Went Right?», Freakonomics. com (20/3/2012).

19. Véase Sean O'Grady: «Super Freakonomics», *The Independent on Sunday* (18/10/2009).

10. Proverbios 1:18.

8. Cómo convencer a gente que no quiere ser convencida

1. Gran parte de esta sección se basa en el trabajo del Cultural Cognition Project y en entrevistas del autor con Dan Kahan y Ellen Peters presentadas en Stephen J. Dubner: «The Truth Is Out There... Isn't It?», Freakonomics Radio (30/11/2011). La web del CCP es un recurso excelente para su trabajo. En cuanto al tema del cambio climático, véase Kahan, Peters, Maggie Wittlin, Paul Slovic, Lisa Larrimore Ouellette, Donald Braman y Gregory Mandel: «The Polarizing Impact of Science Literacy and Numeracy on Perceived Climate Change Risks», *Nature Climate Change*, 2 (2012). Para una primera versión de ese trabajo, véase Kahan y otros: «The Tragedy of the Risk-Perception Commons: Culture Conflict, Rationality Conflict, and Climate Change», documento de trabajo del Cultural Cognition Project, núm. 89. Información adicional sobre cuestiones de cálculo y ciencia pueden hallarse en estos trabajos así como en Joshua A. Weller y otros: «Development and Testing of an Abbreviated Numeracy Scale: A Rasch Analysis Approach», *Journal of Behavioral Decision Making*, 26 (2012).

2. Véase, por ejemplo, Chris D. Thomas y otros: «Extinction Risk from Climate Change», *Nature*, 427 (enero de 2004); Camille Parmesan y Gary Yohe: «A Globally Coherent Fingerprint of Climate Change Impacts Across Natural Systems», *Nature*, 421 (enero de 2003); Gian-Reto Walther y otros: «Ecological Responses to Recent Climate Change», *Nature*, 416

(marzo de 2002); y Peter M. Cox y otros: «Acceleration of Global Warming Due to Carbon-Cycle Feedbacks in a Coupled Climate Model», *Nature*, 408 (noviembre de 2000).

3. Véase John Cook y otros: «Quantifying the Consensus on Anthropogenic Global Warming in the Scientific Literature», *Environmental Research Letters*, 8, núm. 2 (mayo de 2013).

4. Véase Pew Research Center for the People & the Press: «Public Praises Science; Scientists Fault Public, Media», Pew Research Center, 2009.

5. Véase Alan B. Krueger: *What Makes a Terrorist*, Princeton University Press, 2007; Claude Berrebi: «Evidence About the Link Between Education, Poverty and Terrorism Among Palestinians», documento de trabajo, Princeton University Industrial Relations Section, 2003; y Krueger y Jita Maleckova: «Education, Poverty and Terrorism: Is There a Causal Connection?», *Journal of Economic Perspectives*, 17, núm. 4 (otoño de 2003).

6. Véase Richard H. Thaler y Cass R. Sunstein: *Nudge*, Yale University Press, 2008 [versión en castellano: *Un pequeño empujón (nudge): el impulso que necesitas para tomar las mejores decisiones en salud, dinero y felicidad*, Taurus, Madrid, 2009].

7. Véase Daniel Kahneman: *Thinking, Fast and Slow*, Farrar, Straus and Giroux, 2011 [versión en castellano: *Pensar rápido, pensar despacio*, Debate, Barcelona, 2012].

8. Kareem Abdul-Jabbar: «20 Things Boys Can Do to Become Men», Esquire.com (octubre de 2013).

9. Véase Robert Hornik, Lela Jacobsohn, Robert Orwin, Andrea Piesse, Graham Kalton: «Effects of the National Youth Anti-Drug Media Campaign on Youths», *American Journal of Public Health*, 98, núm. 12 (diciembre de 2008).

10. Entre la mucha gente que aportó información a nuestra reflexión sobre el futuro de los automóviles sin conductor, estamos especialmente en deuda con Raj Rajkumar y sus colegas en Carnegie Mellon, que nos dejaron subir a sus vehículos sin conductor y respondieron todas las preguntas.

11. Según Bob Joop Goos, director de la International Organization for Road Accident Prevention; también en base a estadísticas de la National Highway Traffic Safety Administration (NHTSA).

12. La mayoría de las estadísticas de esta sección se basan en la Organización Mundial de la Salud e informes de la NHTSA.

13. Véanse Angela Greiling Keane: «Google's Self-Driving Cars Get Boost from U.S. Agency», Bloomberg.com (30/5/2013); «The Self-Driving Car Logs More Miles on New Wheels», blog oficial de Google (7/8/2012). (Nuestro texto contiene cifras de kilometraje actualizadas por un portavoz de Google de octubre de 2013.)

14. Véanse Stephen J. Dubner: «Parking Is Hell», Freakonomics Radio (13/3/2013); Donald Shoup: *The High Cost of Free Parking*, American Planning Association, 2011; Eran Ben-Joseph: *ReThinking a Lot: The Design and Culture of Parking*, Massachusetts Institute of Technology, 2012; Catherine Miller: *Carscape: A Parking Handbook*, Washington Street Press, 1988; John A. Jakle y Keith A. Sculle: *Lots of Parking: Land Use in a Car Culture*, University of Virginia, 2004.

15. De un informe de mayo de 2012 del Bureau of Labor Statistics. La categoría más grande son los camiones pesados y tractores con remolque con más de 1,5 millones de conductores.

16. Según la Organización Mundial de la Salud, la proporción de muertes de tráfico es menor en países menos desarrollados, donde muchos niños mueren de neumonía, diarrea y similar.

17. Véase Stephen J. Dubner: «One Thought About the Two Deaths in Asiana Airlines Flight 214», Freakonomics.com (8/7/2013). Para la diferencia entre coche y avión como se discute en la nota al pie, confiamos en la estadística de la Federal Highway Administration (para datos de coches) y el Bureau of Transportation Statistics (para datos de aviones).

18. Entre los maestros del insulto de la era moderna está

el columnista de opinión de *The New York Times* Paul Krugman. Político liberal, se ha referido a los conservadores como «guerreros de clase de espíritu malvado» que «se equivocan en todo», «que literalmente no tienen ni idea de lo que están haciendo» y «han pasado de ser la parte estúpida a ser la parte loca en solo tres semanas de columnas».

19. Véase Tiffany A. Ito, Jeff T. Larsen, N. Kyle Smith y John T. Cacioppi: «Negative Information Weighs More Heavily on the Brain: The Negativity Bias in Evaluative Categorizations», *Journal of Personality and Social Psychology*, 75, núm. 4 (1998).

20. Véase Roy F. Baumeister, Ellen Bratslavsky, Catrin Finkenauer, Kathleen D. Vohs: «Bad Is Stronger Than Good», *Review of General Psychology*, 5, núm. 4 (2001). Para más de Vohs sobre este tema, véase Stephen J. Dubner: «Legacy of a Jerk», Freakonomics Radio (19/7/2012).

21. Como la difunta gran historiadora Barbara Tuchman escribió en *A Distant Mirror: The Calamitous 14th Century*, Knopf, 1978 [versión en castellano: *Un espejo lejano*, Argos-Vergara, Barcelona, 1980]: «El desastre rara vez es tan omnipresente como parece en los relatos escritos. El hecho de escribirlo hace que parezca continuado y ubicuo, mientras que es más probable que haya sido esporádico en el tiempo y el espacio. Además, la persistencia de lo normal es generalmente mayor que el efecto de la alteración, como sabemos por nuestra propia época. Después de absorber las noticias del día uno espera enfrentarse a un mundo formado únicamente por huelgas, crímenes, fallos eléctricos, cañerías rotas, trenes parados, escuelas cerradas, atracadores, drogadictos, neonazis y violadores. La cuestión es que uno puede volver a casa por la tarde de un día afortunado sin haberse encontrado con más de uno o dos de estos fenómenos. Esto me ha llevado a formular la Ley de Tuchman del siguiente modo: «El hecho de que se informe de él multiplica por cinco o por diez la aparente extensión de cualquier suceso deplorable.»

22. Véase Thomas Unterbrink y otros: «Parameters Influencing Health Variables in a Sample of 949 German Teachers», *International Archives of Occupational and Environmental Health* (mayo de 2008).

23. Véase entre muchos otros Robert H. Lustig: *Fat Chance: Beating the Odds Against Sugar, Processed Food, Obesity, and Disease*, Hudson Street Press, 2012; y la investigación del doctor Peter Attia de Nutrition Science Initiative discutida en Stephen J. Dubner: «100 Ways to Fight Obesity», Freakonomics Radio (27/3/2013).

24. Entrevista del autor con Steve Epstein y Jeff Green, como apareció en Stephen J. Dubner: «Government Employees Gone Wild», Freakonomics Radio (18/7/2013). Véase *Encyclopedia of Ethical Failure*, Dept. of Defense, Office of General Counsel, Standards of Conduct Office (julio de 2012); *Encyclopedia of Ethical Failure: 2013 Updates*, mismo editor; y Jonathan Karp: «At the Pentagon, an 'Encyclopedia of Ethical Failure'», *Wall Street Journal* (14/5/2007).

25. A lo largo de la historia y entre grupos religiosos diferentes, los Diez Mandamientos se han presentado en diversas formas debido a variaciones en traducción, interpretación, extensión, y al hecho de que aparezcan dos veces en la Biblia, primero en el Éxodo y luego en el Deuteronomio. Es asimismo importante señalar que el primero de los mandamientos no es en realidad un mandamiento sino más bien una declaración. En consecuencia, la lista se conoce en hebreo como *Aseret ha-Dibrot*, las Diez Afirmaciones, y no como *Aseret ha-Mitzvot*, los Diez Mandamientos.

26. Extraído de un informe de Kelton Research: «Motive Marketing: Ten Commandments Survey» (septiembre de 2007); y Reuters Wire: «Americans Know Big Macs Better Than Ten Commandments», Reuters.com (12/10/2007).

27. Esto puede encontrarse en 2 Samuel: 12. Estamos en deuda con Jonathan Rosen por llamarnos la atención sobre una historia que encaja a la perfección con nuestra tesis. Algunas

de las palabras usadas para contarla aquí son suyas, porque no podíamos mejorarlas.

28. Por esta idea estamos en deuda con un seminario escrito hace mucho tiempo e impartido por el gran Richard Locke.

9. Las ventajas de abandonar

1. Transcripción proporcionada por el Churchill Centre en <www.winstonchurchill.org>.

2. En 1937, un experto en autoayuda llamado Napoleon Hill incluyó esa frase en su popularísimo libro *Think and Grow Rich* [versión en castellano: *Piense y hágase rico*, Grijalbo, Barcelona, 1992]. Hill se inspiró en parte en el industrial Andrew Carnegie, un hombre hecho a sí mismo. En la actualidad la frase se atribuye con frecuencia a Vince Lombardi, el entrenador de fútbol americano de dureza legendaria. Para otra discusión de la idea presentada en este capítulo, con historias de varias personas que abandonaron en campos diferentes, véase Stephen J. Dubner: «The Upside of Quitting», Freakonomics Radio (30/9/2011).

3. Véase Richard Dawkins y H. Jane Brockmann: «Do Digger Wasps Commit the Concorde Fallacy?», *Animal Behavior*, 28, núm. 3 (1980); Dawkins y T. R. Carlisle: «Parental Investment, Mate Desertion and a Fallacy», *Nature*, 262, núm. 131 (8/7/1976).

4. Un encantador y perspicaz ensayo que aborda el concepto del coste de oportunidad es Frédéric Bastiat: «What Is Seen and What Is Not Seen», *Selected Essays on Political Economy*, 1848, reeditado por The Foundation for Economic Education, 1995.

5. Véase James Bennet: «The Bloomberg Way», *The Atlantic* (noviembre de 2012).

6. Basado en entrevistas del autor con Geoff Deane y otros científicos de Intellectual Ventures. Véase también Katie Mil-

ler: «Q&A: Five Good Questions», Intellectual Ventures Lab blog (9/8/2012); Nathan Myhrvold, TEDMED 2010; y Nick Vu: «Self-Sterilizing Surfaces», Intellectual Ventures Lab blog (18/11/2010). Las principales patentes relacionadas con la superficie UV autoesterilizable son las siguiente: 8.029.727, 8.029.740, 8.114.346, y 8.343.434.

7. Véase Allan J. McDonald y James R. Hansen: *Truth, Lies, and O-Rings: Inside the Space Shuttle Challenger Disaster*, University Press of Florida, 2009; véanse también Joe Atkinson: «Engineer Who Opposed Challenger Launch Offers Personal Look at Tragedy», *Researcher News (NASA)* (5/10/2012); y «Report of the Presidential Commission on the Space Shuttle Challenger Accident» (6/6/1986).

8. Véase Gary Klein: «Performing a Project Premortem», *Harvard Business Review* (septiembre de 2007); Beth Veinott, Klein y Sterling Wiggins: «Evaluating the Effectiveness of the PreMortem Technique on Plan Confidence», Proceedings of the 7th International ISCRAM Conference (mayo de 2010); Deborah J. Mitchell, J. Edward Russo, Nancy Pennington: «Back to the Future: Temporal Perspective in the Explanation of Events», *Journal of Behavioral Decision Making*, 2, núm. 1 (1989). Gracias a Danny Kahneman por llamar nuestra atención sobre esta idea.

9. Véase Carsten Wrosch, Gregory E. Miller, Michael F. Scheier, Stephanie Brun de Pontet: «Giving Up on Unattainable Goals: Benefits for Health?», *Personality and Social Psychology Bulletin*, 33, núm. 2 (febrero de 2007). Para un tratamiento más completo, véase Stephen J. Dubner: «The Upside of Quitting», Freakonomics Radio (30/6/2011).

10. El sitio web FreakonomicsExperiments.com sigue activo en el momento de escribir esto y puede lanzar una moneda por ti, pero el estudio de seguimiento de larga duración ya no está operativo. Para la discusión completa de este tema de Steve Levitt, véase Stephen J. Dubner: «Would You Let a Coin Toss Decide Your Future?», Freakonomics Radio (31/1/2013).

Quizá la pregunta escrita más desgarradora que recibimos fue: «¿Debería dejar a mi hijo con mi mujer hasta que ella muera de cáncer (aprox. 8 meses) para que yo pueda trabajar en África a fin de apoyar a mi familia, o debería renunciar al trabajo en África y quedarme en Estados Unidos para estar cerca de mi hijo mientras me arruino?»

11. Véase Associated Press: «Strike May Test Reality TV's Staying Power» (27/11/2007).

12. Véase John Keegan: «Winston Churchill», *Time* (24/6/2001). Gracias a Jonathan Rosen por las conversaciones sobre este tema y a Barry Singer, autor y experto en Churchill, por su orientación continua en este tema.

Si tienes alguna pregunta que no hayamos respondido en estas notas, o algo para compartir, no dudes en dejarnos un mensaje en <ThinkLikeAFreak@ Freakonomics.com>.

Índice temático